我们一起解决问题

U0734459

农村电商
运营实战

郑舒文　吴海端　柳枝◎著

农产品上行+电商下行+人才
培训+产业园打造+资源配置

人民邮电出版社

北京

图书在版编目（CIP）数据

农村电商运营实战：农产品上行+电商下行+人才培训+产业园打造+资源配置 / 郑舒文，吴海端，柳枝著. -- 北京：人民邮电出版社，2017.4
ISBN 978-7-115-45271-9

Ⅰ．①农… Ⅱ．①郑… ②吴… ③柳… Ⅲ．①农村－电子商务－商业经营－研究－中国 Ⅳ．①F713.365.2

中国版本图书馆CIP数据核字(2017)第048903号

内 容 提 要

2017年中央一号文件明确指出要推进农村电商发展，并具体从农业企业与电商企业的对接融合、农产品电商平台和乡村电商服务站点建设、物流体系建设、电商产业园建设等多个方面提出了要求。那么，发展农村电商到底该怎么做呢？

《农村电商运营实战》从中央一号文件精神出发，结合作者多年的农村电商工作经验，给出了丰富、详实的答案。本书首先从农产品上行与农村电商下行两个方面讲述，告诉农民如何把自己的产品放到各大电商平台，如何应用互联网自建渠道来销售自己的产品，如何搭建服务体系；之后，作者详细介绍了农村电商人才培训、农村电商产业园打造、农村电商资源配置等工作的开展过程，为从事这方面工作的政府及培训机构人员提供了有效可行的指导。

本书适合从事农村电商工作的政府和企事业单位人员、创业人员、培训师、咨询师以及相关院校的师生阅读。

◆　　著　　郑舒文　吴海端　柳　枝
　　责任编辑　张国才
　　责任印制　焦志炜

◆　人民邮电出版社出版发行　　北京市丰台区成寿寺路11号
　　邮编　100164　　电子邮件　315@ptpress.com.cn
　　网址　http://www.ptpress.com.cn
　　北京天宇星印刷厂印刷

◆　开本：700×1000　1/16
　　印张：16　　　　　　　2017年4月第1版
　　字数：180千字　　　　2024年12月北京第32次印刷

定价：55.00元

读者服务热线：(010)81055656　印装质量热线：(010)81055316
反盗版热线：(010)81055315
广告经营许可证：京东市监广登字 20170147 号

推进农村电商发展。促进新型农业经营主体、加工流通企业与电商企业全面对接融合，推动线上线下互动发展。加快建立健全适应农产品电商发展的标准体系。支持农产品电商平台和乡村电商服务站点建设。推动商贸、供销、邮政、电商互联互通，加强从村到乡镇的物流体系建设，实施快递下乡工程。深入实施电子商务进农村综合示范。鼓励地方规范发展电商产业园，聚集品牌推广、物流集散、人才培养、技术支持、质量安全等功能服务。全面实施信息进村入户工程，开展整省推进示范。完善全国农产品流通骨干网络，加快构建公益性农产品市场体系，加强农产品产地预冷等冷链物流基础设施网络建设，完善鲜活农产品直供直销体系。推进"互联网+"现代农业行动。

——2017 年中央一号文件

特别鸣谢

（按姓氏笔画排序）

孙　炜　陈明宝　李晓林　周　杰　青　曼
郭燕滨　徐　震　曾意丹　魏延安

推荐序

　　翻开此书，一幕幕"福建记忆"翻涌上来。30 多年前，在我任福建省省长之初，有一句顺口溜"项南不向北，胡平不扶贫"。而恰恰相反的是，我与项南同志共同践行了"一手抓改革开放，一手抓脱贫致富"，在八闽大地打响了第一场波澜壮阔的脱贫致富战役。30 多年后，中共中央部署了全面推进精准扶贫、精准脱贫战略，我深感欣慰、备为感慨。

　　去年 10 月，刚任仙游县委副书记的吴海端同志就专程到北京看望我，邀请我参加仙游红博会，并为度尾文旦柚代言。他滔滔不绝地向我汇报了仙游的经济发展状况，阐述了"互联网＋扶贫"的构想。我勉励他，有位需有为，务必把肩上的责任压力变为责任动力，最后转化为良好的责任效果。

　　我与海端同志相识于 2008 年，当时他在莆田中心城区任项目办主任，意气风发、踌躇满志，对项目筹划、招商工作有自己独特的见解。与他有缘，辗转七年。四次来莆，他均陪同。他也经历了多个岗位，依然豪情满怀、不忘初心。在仙游，借助"互联网＋"，不断推进仙游红木产业和农产品与互联网合作，取得了不俗的成绩。他担任中国（仙游）红木艺雕精品博览会筹委会主任，推进"仙作"首次试水阿里巴巴闲鱼拍卖，6 天里，在线平台访问人数突破 450 万，成交金额超 1000 万元，单件最高成交额 109.7 万元；举办了首届"文旦柚文化节",让文旦柚走出"闺阁",走向全国市场,通过网络销售达 5 万多斤,文旦柚的采购价格提升近 3 倍,使仙游农民在减产 30% 的情况下依然增收。

新时期下的新情况,必须开拓创新,以新思维、新举措主动应对。本书以政府的角度,从顶层设计、基础建设、产业园建设、产业带整理以及人才培训等多维度,梳理出了农村电商的实践之路,大部分都能做到案例有章可循,数据有源可查,经验可推广。详阅后,我深刻感受到这些都是有心人努力的成果,从具体操作层面出发,总结的"互联网 + 扶贫"实战经验,从"授人以鱼"转向"授人以渔",值得我们去肯定和传播。

雄关漫道真如铁,而今迈步从头越。30 多年前,我主动请缨挂钩安溪,为安溪贫困县代言,实现了百穷县向百强县的转变;30 多年后,在互联网经济方兴未艾的今天,我想为"互联网 + 扶贫"加油,为仙游扶贫加油!

胡平

2017.1.3

原国务院特区办主任

原商业部部长

原福建省省长

自　序

　　不知不觉，"触网"已近七年。回想当初，了解、接触电商也是无奈之举。2010 年，我刚在中心城区政府任职，就面临商务部要取缔"安福"网货假冒之地，否则就有被撤职之险。压力是责任，更是动力！100 天内，我走访了辖区的上百家电商企业，请教座谈、拜师学艺，使自己从一无所知的"门外汉"成为了了解电商的"小达人"。

　　很荣幸，也很幸运，在过去的七年里，我一直在政府层面与电商打交道，推动见证了莆田电商产业的发展。在莆田市经信局、商务局任职期间，我直接推动莆田安福电商城获批"国家电子商务示范基地"，莆田市获批第二批"全国电子商务示范城市"，策划推动阿里巴巴"中国质造"莆田首站活动，主导策划"湄屿潮音"中国（莆田）国际电子商务大会等多场千人电商大会，使小淘宝逐步成长为过亿级的自主品牌。近年来，我多次应邀赴北京、杭州等地，为中国轻工联、淘宝大学、各级党校县（处）长班授课交流，从政府层面对电子商务展开思考，并多次迎接兄弟县市的人员来莆参观。每一次，我都知无不言、言无不尽地分享我们的思路和方法，但是帮助面和辐射面依然很窄，所以才萌生了创作此书的念头。

　　一直以来，我很崇尚明代王阳明先生的知行合一。但是，即使我在工作之余花很多时间研读其著作，依然没有办法系统地学习其精髓，更何况是参观式的拜访、调研式的学习。所以，我决心把我们的实践经验梳理成书，只为了更有系统、更有效率地分享我们的经验。

本书以"互联网＋扶贫"为主线，提出"1＋N"的农村扶贫模式，鼓励村干部或致富能手带着 N 位群众或 N 个创业机构来实现产业带动就业；同时，着力打造农村电商的"一心两翼"，"一心"即探索一条与产业结合最紧密的农村电商模式，"两翼"即打牢"人才培训"及"网络基础设施建设"两个农村电商发展的最基础要件。

此前，我撰写的《互联网如何帮助"莆田造"走向世界》一文入选淘宝大学、阿里研究院编写的书中，很多兄弟单位也都是从这本书获悉信息而来参观拜访。我发现书不但能传道解惑，也能交朋友。当然，在受聘为淘宝大学特邀专家、多次赴外授课的经历中，我也认识了很多好朋友以及农村电商领域的专家，如汪向东老师、魏延安好友等。大家志同道合，在各自领域中研究并推动农村电商的发展。

郡县治，天下安。随着县域经济在国民经济发展中的地位越来越重要，农村电商也大有可为、大有作为。风物长宜放眼量，我也坚信"大视野、大胸怀、大境界"下的农村电商一定会发展得更好！愿广大读者朋友在农村电商的实战之路上越走越踏实！也欢迎大家来仙游参观指导！

在此，我也对在电商之路上曾经给予我指导和帮助的前辈和朋友们表示衷心的感谢！

吴海端

福建省仙游县县委副书记

目　录

第 1 章

农村电商，下一个创富风口

时至今日，"农村包围城市"的口号已升级为"新农村包围城市"。那么，该如何理解这个"新"呢？其实，"星星还是那个星星，农村还是那个农村"，只不过是增加了新的形式——农村电商。但是，它势必成为下一个创富风口。

1.1 农村：电子商务的新希望

中国互联网络信息中心发布的《第 37 次中国互联网络发展状况统计报告》显示：截至 2015 年 12 月，中国网民规模达 6.88 亿人，其中农村网民人数已突破 2 亿（见图 1-1）。而中国目前县级行政区划约有 2900 个，行政村数量超过 68 万个，农村人口为 9.6 亿，占全国总人口的 70%。从社会消费总额上来看，全国社会消费总额的一半都发生在农村县域。从全国 GDP 总量上来看，全国县域经济的 GDP 总和占据了绝大部分——56%。

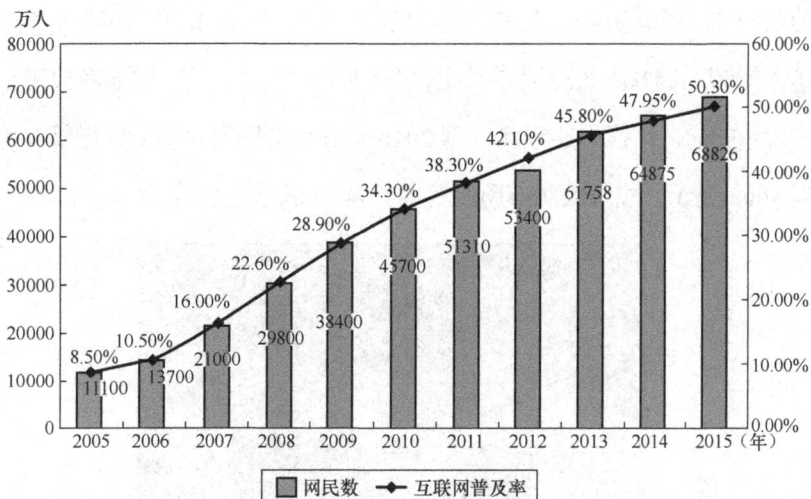

图 1-1　中国网民规模和互联网普及率

根据 2016 年初蚂蚁金服发布的数据，截至 2015 年底，余额宝累计用户达到 2.6 亿，农村"宝粉"占到了 1/7，超过了 3700 万。其中，东莞、温州、苏州、泉州、成都等地的农村用户最为活跃，开户数居全国前五。在这些农村"宝粉"中，"80 后"和"90 后"是绝对的主力用户。

从以上数据不难看出，幅员辽阔的农村地区存在着巨大的消费市场，而电子商务正在一步步地影响、改变着这个大市场。

关于农村电子商务消费，阿里研究院在 2014 年也发布了一篇调查报告。报告数据表明，过去三年的农村网购消费占比一直在持续攀升（见图 1-2）。2015 年 7 月，阿里农村淘宝事业部发布的《农村网络消费研究报告（2015）》显示，农村电商的发展会弥补地区间发展水平的差距，为行业增长助力。口说无凭，阿里研究院《农村网络消费研究报告（2015）》数据显示，2015 年淘宝网（含天猫）发往农村地区的订单金额大幅提高，占全网的比例第一季度为 9.64%。显而易见，它在农村市场的份额是很重的。而 2013 年第一季度上述占比为 8.65%。通过两者对比，我们有理由相信，农村电商会带动农村经济大步向前。该报告还预测，到 2016 年底，全国农村网购市场规模将会增长到 4600 亿元，成为网购市场的新增长点。

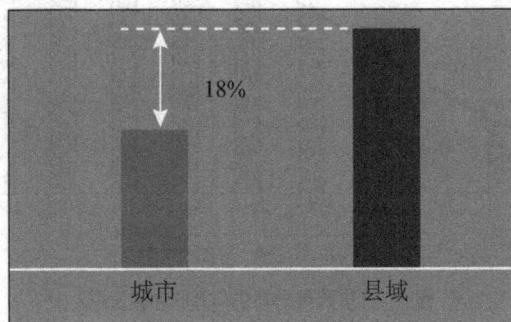

图 1-2　2014 年县域与城市网购消费额同比增速

　　但是商务部的统计数据显示，截至 2015 年底，中国网购成交额已经超过 4 万亿元，而农产品网络交易额仅有 1000 亿元。由此可见，通过电子商务流通的农产品比例仍然非常有限，大量农副产品仍然需要通过传统渠道实现销售。这样的结果就使中间流通环节分享了农产品的利益，而生产者和最终的消费者却没有得到实实在在的好处。不过，存在问题的地方也是诞生商机的地方，这个数据也正说明了农村电商的大有可为之处。

　　对于农村电商的发展，国家从政策层面上也是相当支持的。2015 年底，国家提出了"供给侧结构性改革"，扩大内需由此再次被提上日程。而且，这次改革更加注重市场在配置资源中的决定性作用。在这样的大背景下，挖掘农村电商市场势在必行。因此，国家密集出台了一系列政策鼓励、支持、引导县域农村经济的发展。

2015 年 11 月 9 日国务院发布的《关于促进农村电子商务加快发展的指导意见》，以及 2015 年 8 月 21 日商务部等 19 部门发布的《关于加快发展农村电子商务的意见》，都明确指出要大力支持电商、物流、金融等企业参与涉农电子商务平台建设，开展电子商务进农村综合示范。2015 年 9 月 6 日农业部、国家发改委、商务部发布的《推进农业电子商务发展行动计划》以及其他配套的组合政策，更是为农村电商的发展提供了政策基础。农村电商市场处于发展增势中，国家政策的扶持为农村电商的发展明确了路径，指明了方向，进一步加速了这个市场的爆发。

国家层面的"互联网 +"农村经济战略的效果已经显现，传统农业正在政策的助推下经历一场新的变革。工商资本纷纷下乡，农业成为大受欢迎的投资领域。发展农村电商，改变的不仅仅是消费端，还会对传统的生产方式、销售方式、消费方式产生巨大的影响，催生农村产业链的整体变革。未来一段时期，农村电商一定会成为推进中国经济增长的新动力。

中华农耕文明渊源流长，从刀耕火种的原始时代延续至今，我国大多数人仍然生活在农村。在互联网时代，农村因为农村电商而重获新生。相对于交通发达的城市来说，地处偏远的农村地区由于种种条件限制，更需要借助网络将生产的有机绿色农产品推向世界各地。我国政府也高度重视发展农村经济，2015 年 10 月的国务院会议宣布："完善农村及偏远地区宽带电信普遍服务补偿机制，缩小城乡数字鸿沟；部署加快发展农村电商，通过壮大新业态促消费惠民生；确定促进快递业发展的措施，培育现代服务业新增长点。"在国家和政府的大力倡导下，不久的将来，农村电商必将发挥出巨大的能量。谁能在这场变革中抓住机遇，谁就有可能成为这片蓝海中的最大赢家。

1.2　电商涌动下乡潮

当下，一种新业态、新模式、新技术的"互联网+"应用在农村全面展开，它打破常规、力求创新，实实在在地影响着生产、生活的各个方面。在这种背景下，再加上政府的重视和支持，电商下乡自然是风潮涌动（见图1-3）。

图 1-3　电商进村

"天下熙熙，皆为利来；天下攘攘，皆为利往。"许多知名电商企业都纷纷通过进军农村市场来获得市场份额，以期能够抢占农村市场先机，拔得头筹。各路豪杰可谓十八般武艺，各显神通，他们在农村电商市场的布局必将带动农村经济的飞速发展。

1. 阿里巴巴的"千县万村"计划

作为我国电商的先行者和领导者，阿里巴巴一直是电商行业的风向标，引领着行业的发展方向。布局农村电商市场，阿里巴巴又一次走在了趋势的前头。早在 2014 年初的浙江县域电商峰会上，阿里巴巴就宣布启动了"千县万村"计划，将阿里供应链落实到农村市场。阿里研究院院长高红冰表示："农村的市场是一个新的蓝海市场，发现在整个网购的这样一个现象背后，其实在三线、四线、五线、六线城市的分布是超过一半的，所以未来一个新的增长点是在这块儿。"

"千县万村"就是阿里巴巴的终极目标，也是阿里巴巴进军农村电商的愿景规划。也就是说，阿里巴巴将投资 100 亿元，在未来 3 ~ 5 年内建立 1000 个县级电商运营中心，10 万个村级电商服务站，将其电子商务的网络覆盖到全国三分之一强的县以及六分之一的农村地区，最终形成一个完善的电商生态体系。

2. 京东的"3F 战略"

2015 年是农村电商发展元年，不仅阿里巴巴在忙着农村电商的布局，京东也将战略的目光聚焦于我国广阔的农村市场，提出了农村电商的"3F 战略"。京东的"3F 战略"具体包括工业品进农村战略（Factory to Country）、农村金融战略（Finance to Country）和生鲜电商战略（Farm to Table）。

京东农村电商战略最核心的两大模式就是县级服务中心和京东帮服务店。其中，县级服务中心采取的是京东自营模式，提供代购、营销推广服务，并且承担着招募、培训乡村推广员的功能。京东帮服务店则是采取整合社会资源的方式来建立，专门针对大型家电等大件商品，为农村用户提供营销、配送、安装、维修、保养等服务。截至 2015 年 4 月上旬，京东县级服务中心已突破百家，服务范围覆盖了 100 余县市的 10000 多个村庄；京东帮服务店也已超过 400 家，服务范围已超过 10 万个行政村。

3. 苏宁的"中华特色馆"

在苏宁农村电商的 O2O 布局中，"中华特色馆"是苏宁帮助"农产品进城"的主要渠道。通过线上线下的相互结合，各地特色农产品通过苏宁的渠道实现中转、销售。苏宁农村电商提出了销售、服务、纳税、就业都在当地的"四个当地"策略，也形成了其他电商企业难以企及的优势。

4. 腾讯的"筑梦新乡村"计划

腾讯的农村电商之路有一个好听的名字，叫作"筑梦新乡村"。作为社交电商领域的"王者"，腾讯认为"互联网 +"的基础就是连接。因此，腾讯在农村电商大潮中对自己的定位是"做一个连接器"，用互联网来连接乡村的经济、文化和社区，实践"互联网 +"乡村经济。而腾讯则通过互联网整合平台、设计、渠道等资源来提升乡村特色产品的品牌度，使村民收入实现增长。

5. 联想的"云农场"

2015 年 3 月 19 日，联想控股宣布对"云农场"进行战略投资，这是联想集团首次将目光对准农村电商平台。投资云农场属于联想控股的发展战略，是联想发掘平台级公司的一部分，其下一步农业投资的方向将会在生产资料下乡、农村物流、金融和生物技术等方面进行。

联想的"云农场"上线之后很快便吸引了数百家知名农资企业入驻，上千个农资品牌得以上线，各大商家可谓是拼尽全力、挤破了头地往里钻。与此同时，联想的"云农场"很快就拥有了 200 多家县级服务中心、16000 多个村级站点，真正实现了华东、华中区域十几个省的市场覆盖。

6. 顺丰农村电商 O2O

近年来，顺丰在内部设立扶持基金，鼓励员工到华中、华西、华北三四线以下的乡镇地区开设代理站点，由顺丰公司负责代理商资质审核以及员工培训工作。从 2014 年 5 月开始，首批代理站点投入运营。顺丰计划在全国开设 3 万家 O2O 连锁体验店。顺丰的便利店采取直营方式，更加淡化物流的色彩。居民消费能力较高的地区抢占电商 O2O 线下入口，同时还推进了经济欠发达的华中、华西、华北三四线及以下乡镇地区的 O2O 融合。由此可知，顺丰"快递＋便利店"的先进物流模式，不但在经济较发达的高档社区大放异彩，更能够为经济实力薄弱地区的电商建设添砖加瓦。

在经历了工业化以及商业化阶段之后，我国的城镇化进程迎来了全新的信息化时代。在未来，互联网在农村的普及率会越来越高。相应地，互联网对农村居民的生活也必将产生越来越重要的影响，而资本巨头和大型电商平台在农村的纷纷布局也从侧面印证了这一点。

1.3 农村电商的市场前景

事实上，自 2015 年下半年起，农村电商便掀起了新一轮的创业热潮，吸引着众多民营企业进入其中，甚至许多互联网巨头也对其表示了充分的青睐。除了阿里巴巴之外，京东、苏宁等行业巨头也都纷纷涉足其中。京东在短短

4 个月的时间里开设了 400 多家京东帮服务店，专门用以对农村大家电提供营销、配送、安装和维修等服务。同一时间，苏宁奋起直追，高调宣布"苏宁易购服务站将在全国开设 1500 家，率先覆盖一批经济较发达的县级和镇级市场"。

2016 年初，一大波酝酿已久的扶持政策大规模惠及农村大众，国务院及各部委力挺农村电商的发展，密集出台了与农村电商相关的重磅文件。2016 年中央一号文件相比 2015 年的文件更进一步地推进政策具体实施，文件加大了关于农村电商的篇幅，着重强调了解决相关问题的方式和方法。这一系列的相关政策文件，为农村电商的落地实施提供了可靠有效的推力及保障。

电商企业急需新的流量注入，皆因城镇市场逐渐呈饱和状态，网络购物用户规模增长缓慢。因此，在"互联网 +"的浪潮下，众多企业将目光锁定了有着巨大人口基数和潜力的农村市场。城市高负荷的消费承载量不足以满足当前电商巨头们的胃口，而农村则是一块未经开垦的处子地，市场前景大好，商机无限。

互联网向各行各业渗透、融合，帮助各行业升级转型，是在十二届全国人大三次会议上"互联网 +"战略被提出后，而"互联网 + 农业"也在此时应运而生。国家早已明确提出，发展农村电商是推动经济发展的新动力之一。推动电子商务进农村，大力发展农村经济，是在 2016 年的政府报告中提出的。而"实现村村直接通邮"，打破彼此物流隔绝闭塞的状态，则是在未来五年计划实施的 100 个重大工程及项目中提出的。尤其是前不久中央发布一号文件，国家高度重视农村经济发展，更是给农村电商发了一个大大的政策红包。因此，我们有理由相信，农村电商在国家政策的大力支持下必将快速茁壮成长，它的市场前景一定会变得更加广阔。

如果考虑在当前政策引导以及各类电商和配套企业（运营商、物流企业等）的推动下，五年内解决所有农民的上网问题，然后考虑其中一半人是开始网购的话，那么必然会产生两个增量。这样算下来，到 2020 年等于又再造了一个现有的农村电商消费市场。另外，包括这种农村电商的下行也不仅仅是消费品，还有生产资料的下行（如农药、种子等）。从 2016 年起，这种生产资料的下行销量飞速增长，农民采购的中间环节减少了，交易成本降低了，农民切切实实地得到了实惠。

悦厚科技成立于 2014 年，是我国较早一批纯粹以移动互联网为技术背景的公司。公司从成立开始就确立了"让生活更美、让服务更优"的理念，致力于通过先进的移动互联网技术专注于研发，先后推出"爱自助""买菜么"两款分别针对餐馆会员营销和餐馆后厨采购的工具应用，现又精心打造了"源产优品"这个可以帮助餐馆流量变现的电商平台。可以说，看起来公司有三个产品，但是其实只做了一件事（见图 1-4）。

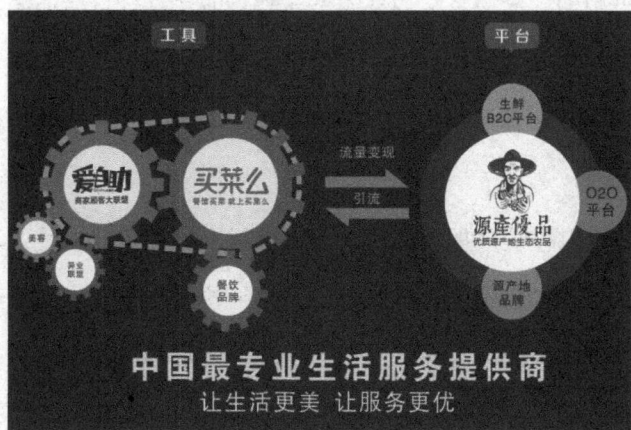

图 1-4　悦厚科技

目前，公司的三大产品已经形成了完整的闭环生态系统，以餐馆作为入口，覆盖餐馆经营的前、中、后三端。未来，这套体系还将逐渐引入到线下实体经营的其他领域，如服装、美容、美发等。

虽然还不能与阿里巴巴、京东等电商巨头相比，但是源产优品专注于为传统农特产品企业提供一站式、全方位的全网营销落地解决方案，提升公司品牌形象、优化商业模式、突破企业瓶颈、实现体验式消费、打开市场需求等。源产优品平台自成立以来，一直秉承着"让良心值钱"的服务理念，用行动和成果诠释了"难得之货，不贵"的铮铮誓言，真正做到让消费者买到健康有机生态的农特产品；凭借优秀成熟的团队及线下体验式消费模式的设计，成功帮助修江源皇菊、汉仙牌米粉等品牌实现互联网转型。

而且，像源产优品项目的经营业态对消费者来说更是意义非同一般。对于家庭消费者而言，食品安全是他们关注的重点。尤其对"80后""90后"人群有较大吸引力，这部分客户是农产品零售业和餐饮批发业的主力消费群体。他们并不熟知农产品的价格，而更在意健康安全。源产优品希望向都市中产阶级传达这样一种生活理念：吃得安心、吃得好，交给源产优品，一切变得简单。

农村电商得以继续被加大扶持，全因农村电子商务、农垦改革、农村深改等各个方面的相关政策文件得到了认真贯彻执行。国家发布的一系列关于农业政策的文件，力图为农村发展创造最优渥的环境，其中着重指出要重点发展农村电商。这是为农村电商打的一剂强心针，农村电商未来的发展可谓春光无限。

1.4　农村电商最有价值的三大方向

互联网现在所代表的已经不仅仅是一种工具，更是一种全新的生活方式。传统行业纷纷向互联网方向转型，就连一向被认为落后的农业也借着电商开始发力，寻找方向进行突围。

2015 年是农村电商发展元年，阿里巴巴、京东等各个电商行业巨头都纷纷开始涉足农产品。互联网农业开始借助电商平台、大数据、云平台等技术实现社会资源的整合，从而有效去掉农业产业链的中间化，以解决传统农产品交易中信息不对称等问题，大大提升生产流通效率（见图 1-5）。

提高流通效率

我们合作，市场广阔

电商

去中间化

图 1-5　农业产品电商化

甚至有专业人士预言，未来农业领域将引领下一波上市潮，成为下一轮超过阿里巴巴、京东的主要投资领域。从目前的总体形势来看，我国的农村电商模式大体分为六种：政府涉农网站、上市的期货市场网络交易平台、以淘宝网和中华粮网等为代表的网络平台、专业性涉农批发交易网站、实体农产品交易市场网上交易平台以及我买网等零售网站。

但是，由于农业市场规模大且较为分散，而生鲜产品对物流又有着苛刻的要求，渠道受到较强的限制。因此，尽管众多商家开始注意到农村电商这个潜力巨大的市场，今天的涉农网站却仍停留在培养用户习惯的起步阶段，大部分仍依靠补贴吸引客户，未能真正全面打开市场，实现盈利。

在电商之风席卷整个市场之际，一波又一波的农村电商如雨后春笋般地涌现。其中，既有成功实现农产品上行，让农产品走进城市的"皇冠"店铺，也有不被人知的"僵尸店"。电商之风将农村电商吹到了风口浪尖之上，而经过一系列的艰难尝试和无数先烈的英勇献身，农村电商模式开始逐步走向成熟，基本成功探索出了三大最有价值的发展方向：品牌化、社区化以及 O2O 化。

1. 品牌化

农村电商首先就要重视农产品的品牌化营销。由于缺少品牌化，像阳澄湖大闸蟹、赣南脐橙、新疆大枣、度尾文旦柚、金沙薏米等很多具有明显地域特征的农产品营销受到了极大的制约，大多数农产品还处于售卖原材料的阶段。

调查显示，无品牌的农产品往往很难取得消费者的信任。因此，农产品在走"互联网 +"道路之前，首先就要学会将自身品牌化，通过精准的市场商业设计实现品牌的有效推广。品牌化战略是帮助农产品打开市场的先行战略，"褚橙传奇"的成功就是最好的案例。

"褚橙"是冰糖橙种植人褚时健培植的甜橙。当时，褚时健为迎合我国消费者的选择偏好，十年磨一剑，培植出了我国消费者喜爱的甜橙，并以"云冠"的名称面向市场销售。但大多数消费者只知道褚时健培植的甜橙味道佳、口感好，并不知道"云冠"甜橙，"云冠"的销量自然并不让人满意。

褚时健为了扭转局面，打出了"褚时健培植的甜橙"的条幅。条幅一出，橙子销量倍增，"褚橙"的名称取"云冠"而代之，渐渐成为了我国消费者喜爱与销量最好的冰糖橙品牌之一。

褚橙的成功证明了品牌化战略在农产品营销上的重要性。在"互联网＋"浪潮下，农村电商的成长已经势不可当。要想实现农产品的长期利润增长，农村电商企业就必须学会为农产品找出一条与众不同的出路——品牌化，即将农产品打造成独具特色和个性的品牌，通过塑造品牌价值使其在众多同质化产品中脱颖而出，并由此打开市场。在农村电商飞速发展的今天，只有抢先一步借助品牌化起飞的农产品才能率先占领市场，从而成就无限可能。

2. 社区化

社区电商是指以社区用户为主体，依靠社区用户口碑影响消费者购买行为的一种商业模式。福建莆田"乐必达"的社区化同城配送模式，就是社区营销的典型案例。

"乐必达"自建便利店、餐饮外卖、生鲜预定等会员配送渠道，用户可以使用线上商城一键下单，享受快消品、餐饮、生鲜等产品的送货上门服务。其服务模式以社区为单位，可提供最快30分钟送货上门服务，解决传统电商最后 100 米的配送难题。

"乐必达"通过自主创新摸索出了一种新零售时代下的"互联网 + 零售"模式，凭借便捷的服务与高品质的产品在社区中形成口碑效应，在消费者口口相传下快速获得品牌知名度，从而打开了市场。

"乐必达"的成功并不是偶然。在城镇化和农业现代化加速推进的今天，社区电商扮演着越来越重要的角色。随着移动互联网技术的不断提高，未来以社区为中心的移动农村电商客户端将占据市场主体，这也是农村电商未来的一大出路。

3. O2O 化

线上线下相融合，走 O2O 道路，是未来农村电商发展的大趋势。以 O2O 形式，利用大数据实现精准定位，并从中摸索出一种正确的盈利模式。这种通过农业和电商线上线下联姻的全新流通方式，将为农产品迎来发展的黄金期（见图 1-6）。

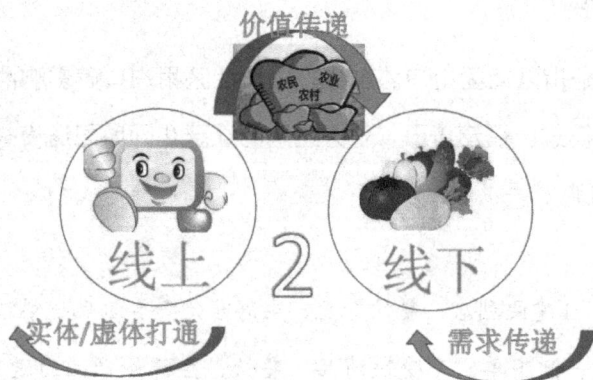

图 1-6　农村电商 O2O 化示意图

O2O 电商最关键的价值就是实现消费者和生产者的直接对接，以此减去中间流通环节，实现买卖双方的利益最大化。这种模式实现了电商的线下落地，使传统商家也开始走互联网发展道路。在国家相关政策的推动下，农村电商结合 O2O 将成为未来农村电商发展的又一个重要趋势。如今，我国大量农村电商企业入驻 O2O 平台，开始利用先进的互联网技术获取更广泛的客户资源。

"源产优品"将自身定位为服务于都市中产阶级的农产品销售网站，并秉承着"高品、高质、合理价格"的原则，为广大都市消费者提供保质保量的水果、蔬菜等优质农产品。"源产优品"的出现不但为消费者提供了方便快捷的农产品购物渠道，更为广大农产品经营者搭建起了一个最优半径的生态圈，为构建农村电商 O2O 新模式领跑。

如今移动互联网的快速发展使供需双方的信息不对称问题得到了有效解决，而接下来我们面临的问题就是怎样能够实现消费者在消费前的体验。以 O2O 平台为基点的消费模式正成为消费主流。O2O 平台为消费者与企业搭建起快速沟通的桥梁，消费者的需求可以通过 O2O 平台准确、高效地传输到企业。而这时，消费者的"体验满意度"将被极大地增强。

作为传统行业之一，我国农产品行业的发展一直受到地理、地域方面的制约。由于环境的影响，越是偏远的地区，农产品质量越高，但是价格却往往越低，农民也因此生活相对贫穷。相反，那些流通在大城市、缺乏质量保障的农产品却往往能够取得不错的收益。

互联网时代的到来，使人们可以坐在电脑前足不出户地购买生鲜农产品。

这种全新的销售模式在为消费者提供便利的同时，也有效地帮助农产品扩大了销售渠道。传统的农产品营销方式正在随着农村电商平台的兴起而发生改变。可以说，互联网拉近了消费者和生产者之间的距离，使传统农业的生产关系得以改变，为农产品创造了更多的市场机遇。

在这个以流量为王的互联网时代，农村电商既是"风口"，也是"浪尖"。对于涉农企业来说，如何正确把握农村电商最有价值的发展方向，抢占市场先机，才是当前最值得思考的问题。

第 2 章

淘宝村的启示

> 66 我们的家乡，在希望的田野上……"还记得这首动听的歌吗？这次唱起
> 欢快歌谣的主角换成了那些拉动乡村经济新动力的淘宝村。在互联网技
> 术的支持下，越来越多有产业基础的村庄拥有了更广阔的发展空间。作为"互
> 联网＋农村"的典型代表，淘宝村的出现无疑为农村电商的发展指明了方向。
> 其不仅使农村的经济面貌得到了有效的改善，还引发了一场关于农村生产方
> 式以及农民价值观念的深刻变革。

2.1　浙江义乌青岩刘村：近水楼台先得月

2014 年 11 月 19 日晚上，国务院总理李克强出现在"中国网店第一村"——浙江义乌青岩刘村。这使该村顿时名声大振，引发众多网友的热议。令人意想不到的是，这个"中国网店第一村"最初的"触网"原因仅仅是为了把空房租出去。

青岩刘村位于浙江省义乌市南郊，是一个只有 1500 人的小村子。2005 年旧城改造，新建的 200 多幢 5 层楼房让青岩刘村褪去了原有的破落外衣，重焕新颜。村里按照户籍把新楼房分给了每位村民，村民们做梦也没想到有一天自己居然住上了那么好的房子。

青岩刘村极具地理优势，临近驰名中外的义乌日用百货批发市场，外来生意人络绎不绝。同时，青岩刘村距离货运市场也仅一路之隔。因此，在批发市场上淘金的生意人大多数愿意来到这里租房。到 2006 年，青岩刘村的房屋租金渐渐稳定，甚至成为村民的主要收入来源。依靠房租经济，青岩刘村村民不再以土地为生，过上了衣食无忧的生活。

2008 年全球金融危机来袭，批发经济受到巨大影响，租金一路下滑，原本悠闲的村民们开始焦急。起因是在篁园市场做生意的房客居然要集体搬走！这对村民们来说无异于晴天霹雳。而房客要搬走的原因在情理之中，却也在意料之外。青岩刘村附近篁园市场的最后一部分——日用品区要搬迁到 7 公里外的国际商贸城新市场里去。这样一来，昔日人满为患、熙熙攘攘的出租屋，现在却是门可罗雀。把空房租出去，保证赖以生存的收入来源，成了小村子里的头等大事。

因此，有村民提议仿照义乌当地其他街道建设专业街，例如纺织品专业街、围巾专业街等。但是，也有村民认为电子商务会是村子更好的出路。然而，村里大部分人对电子商务的认知仅仅停留在当时租用青岩刘村房屋开淘宝店的几个年轻人身上。为此，村里特意举办了决定村子未来发展方向的讨论会，义乌工商学院院长被"电商派"积极分子刘文高请去，帮他"鼓吹电子商务"。"开完会，我就光杆司令上任，成了青岩刘村发展电子商务领导小组副组长，村长任组长，书记任副组长。"刘文高说，"当时的任务目标就是把村里的房子租出去，价格租好一点。"

出人意料的是在短短的两三年时间里，这个决定不但极大地改变了村子的面貌，让青岩刘村再一次创造辉煌，更改变了江东区的面貌，带动了周边整体经济的发展，甚至让一个以义乌为根据地的创新商业模式横空出世，形成了别具一格的电子商务格局，使整个义乌商户做生意的方向都发生了极大的转变。

刘文高将当时村里存在的 100 多家淘宝网商聚集到一起，成立了专门的电商发展促进小组，鼓励大家相互交流经营理念和管理经验，促进大家相互学习，从而改变蜗居经营、互不了解的局面。刘文高还主动找电信合作，与相关负责人多番协商，想要对全村进行无线网络覆盖，使村庄不再是一个孤立的个体。青岩刘村作为当地发展农村电商的先驱，刘文高和电信协商过程的坎坷艰辛自然不难想象。几经波折，4兆光纤终于入户，青岩刘村得以和世界接轨。他还在村里成立了网商协会，团结村民，成功地瓦解了物流公司的价格联盟。刘文高借助村里的力量，加上自己敢想敢干、持之以恒，终于为网商们营造了更好的生存发展环境。

同时，刘文高引进了一种"网络超市"的新模式。超市将库存几千种货品实物做好图片和文案，让那些没有网络经验的商家免于编辑的困扰。创业者在入驻之后不用考虑太多，只需将相关资料传到自己的网店上，便可静候佳音，等接到顾客订单再从"网络超市"集中提货。这样不但节省了物流成本，而且完全不必担心货物囤积的问题。商家收集整理网上热销产品的信息，然后告知超市，再由超市统一反馈给上游的网货批发商，因而避免了滞销货物堆积，也有助于及时更新采购的方向。

此外，刘文高还请来了多名义乌工商学院的专业美工为村中网商设计网店装饰，他们的作品使青岩刘村的淘宝店更具吸引力。万事俱备，淘宝店主只要"一心一意钻研淘宝营销技巧"就可以乘着东风创收致富。

现如今去逛青岩刘村的淘宝网店，打开产品页面，不但有精美而吸引人目光的图片，细致而丰富的产品详情页说明，还有层出不穷的货品发布更新等营销手段。对于目前淘宝店新奇的一切，刘文高自豪地表示："毫不夸张地说，很多都是青岩刘村首创的。"

历经几年，以"网商＋房租经济"模式发展起来的青岩刘村一路披荆斩棘，探索前进，现如今越发活力四射。以"全球十佳网商"何洪伟为代表的一大批来自全国各地的年轻人就是被"一台电脑外加租间房子，就能来青岩刘村创业"的神话吸引来的。如今，青岩刘村的房屋租金日渐攀高。例如，几十平方米的地下室，月租金增长了近一倍，并且仍处于疯狂的上升阶段。青岩刘村的成功转型，不但让这场因为房租引起的经济恐慌得以圆满消除，更让每位村民的年收入提高了近万元，促进了青岩刘村整体经济的发展。

原本名不见经传的青岩刘村，通过近几年农村电商的快速发展，从默默无闻走向如日中天，聚集的网商数量日渐增多，网商的营业额也日现新高。网商凭借地理优势以及当地政策，从青岩刘村走向了其所属的江东街道，并呈扩散式发展，走向了整个义乌市，让青岩刘村被外界冠以"中国网店第一村"的称号。

现如今的青岩刘村早已今非昔比，网商经营行业百花齐放，蒸蒸日上，玩具、十字绣、假发、五金工具等都成为新的交易热品。青岩刘村不但突破了"日用百货"单一优势行业的局面，让电商内容更加丰富多彩，更让网商结构发生了巨大变化。新的网商结构不再局限于某一个领域，而是在专门为网商提供货物的混批网商的带动下向多元化方向发展。

不但如此，电子商务服务业在农村电商热潮下成为又一个经济增长热点。其虽为电商业的衍生物，却悄然在青岩刘村甚至整个义乌市崛起，带动了当地的就业率和经济增长。历时数载，快递、摄影、网络推广、仓储外包等服务业快速发展。现在，义乌全市共有快递公司百余家，大小不一，日发单过万的快递公司超过 10 家，可见当地快递行业早已不容其他地区小觑。而全市从事产品拍摄的网店摄影师已达上千人，部分影楼甚至还成了专业网店摄影公司，星罗棋布地分布在各个地方。

虽在仓储配置等硬件条件跟不上需求的情况下，很多卖家为了网店发展得更大而选择了从村中搬离，但是并没有阻碍越来越多有着"淘宝梦"的年轻人源源不断地涌入。在"中国网店第一村"的光环下，全国各地的创业者一拥而至。他们怀揣创业梦想而来，踏上属于自己的征途。青岩刘村俨然成了网店的孵化器，自己也在一波又一波的创业浪潮中发展前进。

2.2 广东揭阳军埔村：能学来的与难学的

广东省揭阳市军埔村能够成为"淘宝村"得益于四大优势：一是具备一定的电商创业基础，无论是人才，还是网店规模，都已经有了一定的积累；二是国家对电商行业的支持和大力推进，一系列鼓励政策给电商行业的快速发展提供了有力保障；三是珠三角的优越地理位置为电商发展提供了相对成熟的商业环境，无论是老百姓的思想与创业环境，还是相关配套设施与商业体系，都较为先进；四是具有成熟的产业配套，当地就有强大的产品生产能力，而军埔村更有产业协会进驻其中。

通过了解该村相关资料，可知促进其电商崛起的因素还有以下几点。

1. 大力发展：政府助攻

军埔村能快速走上规范化、产业化的道路，得益于当地党委、政府对新业态的敏锐捕捉。市局领导经调研决定，不但将军埔村作为一个"淘宝村"，还要把它作为"电子商务第一村"来打造。一系列扶持措施从政府部门下发，其中主要内容有：成立协会，利用协会把零散的从业者聚集起来强化培训，以提高他们的综合素质与相关业务能力，把从业主体培育起来形成规模，使其迅速成为市场主体；推动各大制造业企业与电商村合作供货，建立产品供应链；完善通信、交通、教育、文化等配套设施，实行覆盖策略，做好基础服务；发放贴息贷款，建立诚信基金，提高资金活跃度，突破资金瓶颈。政府密集出台扶持政策所取得的成效是大家有目共睹的，它完成了一般淘宝村需要几年才能走过的自发成长过程，大大促进了当地农村电商的发展。

2. 以青年为主体：注重人才

电商是互联网技术与商务的结合，不属于传统商业范畴，无法遵循传统商业思维去建设与实施。因此，一批具有互联网思维的年轻人成为电商的主体，因为电商的决定性因素是专业人才。在军埔村的电商进程中，不论是出门求学的高材生、外出打工的青年人，还是外来的创业者，都可以成为军埔村淘宝事业的先行者和生产主力军。如果是本村人才，均可享受比正常商业贷款低一半的利率，而外地人才有的甚至可以享受租房三年免费和宽带网络优惠的政策。政府对人才建设的大力扶持，使军埔村快速聚集起一大批以青年为主的高素质、高技能人才。

3. 培训和资金：重点扶持

农村电商是个新业态，需要良好的创业理念、清晰的创业思路和具体的实践技能，更需要专业的培育指导。培训和资金是淘宝村发展中最需要扶持的两项。2013年8月23日，在揭阳市政府的号召和组织下，为期两个月的电商人才精英培训正式开班，对军埔村的淘宝店主在网店运营、网店设计、市场营销以及融资等多个方面存在的问题进行相应指导。在此之后，政府还陆续组织了多次类似的培训课程，甚至请电商业界的专家来村为淘宝店主们答疑解惑，军埔村的"淘宝教室"更是美名远扬。在资金扶持方面，政府部门考虑到绝大多数返乡创业青年相对来说经济环节比较薄弱，便协调金融机构拿出了1000万元的贷款，并实施财政贴息50%的金融政策，从而使电商创业者在快速贷款机制的支持下赶上了"双11"的销售高峰，获得了可观的收益。

4. 代工搞生产：营销突出

品牌商、普通开网店村民和代工厂三个环节相互依存，相互关联，紧密结合。在军埔村的运营模式中，村民就形同分销商，自己本身不承担任何经济负担，而将商品积压的风险转嫁给批发商。村民们将品牌商信息登记在网上就可以等待接单，接订单后再从品牌商处拿货，按需采购，然后包装邮寄给顾客。这样一来，村民便可以"零风险、零成本"地进行电商经营，因而积极性被极大地带动起来。

"零风险、零成本"是电商创业的理想状态，农村电商的真正发展仍然需要打通生产销售的链条。而军埔村也意识到了其重要性，并开始将规划产业园区和品牌化提升问题提到日程上来。

2.3　江苏睢宁东风村：草根们的"无中生有"

江苏省睢宁县沙集镇东风村在历史上是一个缺乏资源优势和特色产业的小村落。如今，这个曾以"路北漏粉丝，路南磨粉面，沿河烧砖瓦，全村收破烂"为写照的小村落也乘着"互联网＋农业"的东风改换了新颜（见图2-1）。

图 2-1　东风村新貌

"出门打工东奔西跑，不如在家上网淘宝"是刷在东风村民房墙上的一条标语，非常醒目地展示了这个村庄现在的面貌。村里上了年纪的老一辈人感受最深的变化是"年轻人回来了"。当地人曾这样感叹："沙集原来是苏北的劳务输出大镇，没有产业，土地又少，农民只有靠出去打工赚钱。留守儿童、留守老人、留守妇女人口多，村里没人气，老人没人养，小孩没人管，这都带来了不少问题。"而现在完全不一样了，电商除了带给这个没落贫穷的小村以令人鼓舞的社会价值之外，还给这个淘宝村带来了令人艳羡的巨大经济财富，实现了众多背井离乡的农民不用外出务工也能养家糊口的愿望，让广大"农二代"更有尊严地走进市场经济。

孙寒、陈雷和夏凯号称东风村"电商三剑客"，"带头大哥"是孙寒。孙寒毕业于南京林业大学，大专文凭，他当过保安，帮亲戚做过生意，去酒吧做过服务生，也做过群众演员，和普通务工青年一样辛勤地劳作，却只有可怜的工资。孙寒最早接触电商是通过网络卖手机充值卡，一个晚上30张的销量让他看到了电子商务"生财"的希望。2006年，孙寒开设了自己的淘宝网店，正式成为农村电商创业者的一员，在网上贩卖一些小家具饰品和挂件，但是销量并不十分可观。2007年，孙寒在上海逛街时被一些别致的简易木质拼装家具吸引。他觉得颇具创意的家具极有可能受到消费者的喜爱，因此想要尝试将其放到网上销售。于是，孙寒买了一些样品，回村后找到木匠对样品进行设计改造，然后大量生产，放在自己的网店中销售。没想到仅仅一个月就取得了近10万元的营业额，其中有些产品的利润率甚至超过了50%。

那时村里既无家具厂，也没有固定的快递服务点，村民们对电商大多持怀疑态度。但见到镇上来来往往、络绎不绝的快递员，他们才意识到农村电商的确有利可图，于是纷纷加入其中。网店经营的流程简单，通常只需做好网销、拿货、配送以及收款等几个主要步骤。而简易家具的生产同样相对容易，只要稍有一些木匠工底的人都可以做到。因此，在孙寒的带领下，多数东风村村民很快看到了农村电商的经济价值，于是越来越多人开始建立自己的家具淘宝店。一些具有经济基础的家庭干脆成立了自己的家具加工厂，以"前店后厂"的模式将生意做得红红火火。

自从 2006 年村里开起第一家网店，东风村迅猛"逆袭"，"无中生有"了众多新兴网店与一条完整的产业链，一跃而成为睢宁县名噪一时的"明星村"：触网村民超过六成（1000 多户），经营网店 2000 多个，交易额突破 10 亿元。如今，原本的"破烂村"成为了众多村镇取经的对象，以孙寒为代表的电商创业团队的"东风"已经吹到了沙集镇，整个睢宁县的电商建设也进行得如火如荼。目前不仅是东风村进入"全村淘宝"的时代，其他村也掀起了电商热潮。无论是卖手机的、卖衣服的，还是卖鞋的、卖农机的，都纷纷加入电商行列。在镇上街道两边的店铺里，有 80% 的店铺都开着网店，嘀铃一声，生意上门。而获益最大的是作为朝阳行业的快递业务，睢宁县 80% 的快递业务在东风村，足见东风村在当地电商行业中所占的领头地位。沙集镇现已拥有家具生产厂 180 多家，但数量还在递增；物流快递企业 14 家，但仍有同行业不断涌入；板材贴面厂 6 家，但规模仍在扩大；网站专业服务商 1 家，主要为网商提供法律及网络知识服务，但技术应用还在持续提升。

沙集镇顺应互联网时代趋势，以信息化带动工业化、农村产业化。在这里，信息化不仅是辅助手段，更是火车头，它拉动了加工制造、服务、物流等多个产业的发展，形成了一个产业群与一种生态。自由创业、自由发展非常重要，政府既不能阻碍，也不能拔苗助长。

"提升技能素质"对东风村村民来说确实是一大挑战，以"无中生有"

创造的财富会引发知识产权等一系列问题。自由竞技必然会导致竞争的加剧，利润越来越稀薄是东风村网商共同面临的最大困扰。而解决这个问题有两条途径，一个是大多数村民采用的规模化方式，即减少单位产品的成本；另一个则是走差异化、个性化的道路，虽然创意是各行各业最稀缺的财富，但走好电商之路必须依靠创意要素。搭建电商协会平台就是东风村最大的创意。通过协会平台，东风村对内不但可以规范网销行为和提升品牌，使自身具有竞争优势，还可以更好地进行资源整合和人才培训，搭建好底层人才基础；对外可以与物流、电信、原材料供应商等合作方进行谈判，团结大伙，一致对外，形成一个强势的"话语平台"，从而最大程度地降低经营成本。

我们有理由相信，借助电商平台，从来都不缺商业头脑的"农二代"会越来越好。以前村里拥有最佳年龄、最高文化的劳动力都在外面务工，现在掀起的返乡创业潮让知识经济在故土得以生根发芽。当前的中国社会在工业化和城镇化的带动下，许多农村人都开始离开家乡，走向城市，不少乡村的留守老人和儿童现象严重，村落出现了严重的衰败景象。而电子商务却让东风村的"农二代"有尊严地回归故里，并让其家乡变得风光和充满生机。

总之，这是一个以"个性"和"创造"为竞争力的时代，也是一个"人的个性"觉醒的时代，任何创业者要想在激烈的竞争中脱颖而出，都必须不断提高自己的创造力。我们从东风村的成功不难看出，县域农村电商的发展需要两个关键性的因素：一是高素质人才，以知识青年返乡为代表的技术型人才可以引领村镇电商创业者共同进步，为农村带来新的希望；二是尽早入驻电商平台。较为成功的淘宝网店往往成立于淘宝网兴起初期，尽早入驻电商平台有利于网商取得同行业垄断地位。农村电商与世世代代的农耕有着天壤之别，普通的农民不需要过分依赖地理优势、资源禀赋，更不需要有多高的学历、多长时间的培训。在新型"农二代"创业青年的带领下，只要有合适的土壤，他们就可以创造奇迹。

东风村的成功电商模式是可以复制的，而且门槛相对较低。东风村的农户完全不需要外出，他们在自己的家里就可以直接对接市场，占据市场主导权，从而主动掌握信息，有的放矢。而且，他们是自主经营、按需生产的平等的市场主体。

农村电商让农户通过市场化的公共电子商务交易网从事网上交易，以最低的成本取得最大的收益，助力县域经济持续发展。我们正在逐渐告别被大企业所主导和垄断的时代，在互联网时代里，那些中小企业正在凭借个性和创造力堂堂正正地在这场没有硝烟的战场上与大企业分庭抗礼！

2.4　福建龙岩培斜村：最美淘宝村

2015 年 8 月，全国知名的竹席村和淘宝村——福建龙岩培斜村开始对自身进行新的战略规划：大力发展乡村旅游。村党支部书记华锦先表示，培斜村将在结合自身特色的情况下，将旅游产业、竹茶产业和电子商务更好地结合起来，以打造"美丽乡村"为目标，大力发展乡村旅游（见图 2-2）。

图2-2 培斜村新貌

2013 年，阿里研究院的一份报告让培斜村出现在全国人民的视线中。这个地处闽西山区新罗区小池镇的小村庄，在 2013 年上半年就实现了超过 3000 万元的商品销售总额，从而成为了福建省唯一一个名副其实的中国"淘宝村"。更让人意想不到的是，培斜村真正大力发展淘宝产业也就是当年年初的事情，结果仅用短短半年的时间就走完了其他村镇几年走的路，甚至拿到了别人拿不到的奖杯——"福建第一淘宝村"。

培斜村地处新罗区西部小池镇，是革命基点村。在 1993 年之前，无论是全村人均年收入，还是村集体经济收入，均为千元左右。村里村外到处捉襟见肘，"省定贫困村"沉甸甸的帽子从戴上就不曾摘下过，压得村民们都抬不起头。对于这个省级贫困村来说，依山靠山，依水靠水，竹子就是当地村民赖以生存的最重要的自然资源。

1993 年，乍如一声春雷，培斜村党支部书记华锦先自筹 3 万元，凭自己一人之力在村里开办了第一家竹凉席加工厂。功夫不负苦心人，厂子在当年就产生了一定效益。随后，看到一丝希望曙光的赖佳明、赖龙辉等一批在外谋生的党员也下定决心要改变祖祖辈辈贫困的局面，纷纷回村兴办竹凉席加工厂。村民们眼热了，也都纷纷投入到这股浪潮之中。

1997 年，培斜村更是乘胜追击，成立了竹凉席有限公司，注册了"天然牌"商标，自此有名有姓。该公司对全村竹凉席厂采用原材料、规格、质量、办证、销售"五统一"的管理模式，从源头保障品牌正本正源，采取的经营模式即为"公司＋农户"。至此，培斜村的竹凉席产业凭借大伙的聪明才智正式走上了健康有序的发展道路，得以茁壮成长、发展壮大。

然而，汹涌而至的工业化和城镇化浪潮吞噬了一切，不断外流的农村年轻精英日渐增多，全村笼罩着一层不明言状的淡淡忧伤，如何让"农二代"们重返故乡？如何让村庄重新焕发生机？解决这些问题的一剂良方就是农村电商创业。

长江后浪推前浪，江山代有才人出。村党支部书记华锦先的儿子华永良便是"福建第一淘宝村"的开山鼻祖，正是他点燃了培斜村再次创业的"导火索"。这根"导火索"迅速燃烧，改变了整个村庄的格局。因此，华永良也受到村民们的感激，感激他借助互联网赋予了这个落后小村庄新的活力。他不但被村里年轻的淘宝店主称为"精神领袖"，是他们名副其实的领头羊，还被外面的人褒奖为"大学生自主创业的典范"，可见他对村子的贡献及影响。

2007 年，经过数年的刻苦努力，华永良从浙江农林大学毕业后如愿以偿地就职于一家国内知名的羽绒服生产企业，享受颇丰薪资。一家人殷切希望他能这样好好干下去，加官进爵，以后"混"个公司领导的位置，光耀门楣。

一切本应按着一般孩子正常的生活轨迹发展下去，但是，2010 年干得好好的儿子却突然提出了辞职回家创业的想法。刚开始，华锦先是死活不同意，"这么年轻就回来乡下，就怕没人管得住他，天天睡到不知道起床，哪还有创业的斗志？"

早已经做好回家开网店准备的华永良不顾父亲的反对毅然回乡，并且向父亲递交了一份颇具"新潮"的"创业计划书"，想要说服父亲。最终，知子莫若父，华锦先同意了儿子的做法，并给了儿子一笔创业基金。但是，为了给儿子增加动力，他要求华永良按照信用社的标准支付自己利息并自负盈亏。

创业开始时，大到看货、进货，小到打包、贴单，什么事情都要华永良亲力亲为。而且，他自己还要每天把快件送到附近的快递公司。因为货单少、成本高、利润小，快递公司都不肯派人来这山村收件。

有了充足的准备与妥当的规划，取得成果便是水到渠成的事情。虽然第一年销售不过四五万元，但之后不久华永良就注册了自己的公司；还在更高级别的天猫商城上开了家属于自己的网店。他说："不到 3 年时间，我卖的'波司登'羽绒服货值已超 600 万元，销售的竹制品也超过 200 万元。"

受华永良的影响，村子里有了第二个"吃螃蟹"的人——余俊亮。刚毕业的余俊亮在读大学时就开始了自己的淘宝创业计划。别人毕业了都忙着找工作，纷纷开始朝九晚五地上班，而他却忙着做自己的网店生意。虽然经历了不少坎坷，但也取得了喜人的成绩——毕业半年，他就和自己的合作伙伴销售了近百万元的竹制品。

华永良和余俊亮经营的淘宝生意越来越红火，培斜村的"触电情怀"也被带动了起来。2013 年初，培斜村作出了大力发展电子商务的决定。为了给年轻人提供创业平台，也给自己村子提供再次创业的机会，培斜村干部召集外出的年轻人开会，鼓动他们都回到培斜村开网店并开出了不错的条件：提供村里"淘宝街"的实体店面且免租一年。不但如此，他们还吸引全国各地的电商创业者加入自身行列，共同把淘宝产业做大做强。

从此，淘宝产业如雨后春笋般在培斜村出现爆发式发展。不到半年时间，培斜村就获得"福建第一淘宝村"的荣誉。小小的商业街中充满了商机，当时村里"淘宝街"已经有 20 多家商户入驻，有 50 多家商户有意入驻，大家摩拳擦掌，准备大展拳脚。如今，培斜村的淘宝产业已极具规模，经营范围除了当地竹凉席和茶叶产品之外，还拓展到汽车用品、生活用品和服装等，全面带动当地经济发展。

2013 年 10 月底，培斜村又正式通过省旅游局、农业厅等有关部门的验收，并获得省三星级乡村旅游经营单位的荣誉。面对外界的认可，村党支部书记华锦先发表豪言壮语，他对采访记者说："将以此为契机，进一步推进培斜乡村旅游全面发展，打造一流的乡村旅游品牌。"

经过多年的筹备和招商，培斜村先后引进了三家投资开发公司和一家策划营运管理公司。大家各司其职，分别负责森林度假旅游、工贸旅游、文化旅游三大类型的旅游项目开发，并通过互相协作配合，进行全村旅游产业前期策划和后期营运管理，带领全村人共同致富。

穷则思变，变则通，通则久。只有不断变化才能有所发展，培斜村的变化也印证了这一历史发展规律。上天之所以眷顾培斜村，不是仅用"幸运"两个字就能解答的。付出才有回报，机会总是留给有准备的人，培斜村的成功与培斜人的艰苦创业、顺势而为是密不可分的。在以互联网技术为核心的商业社会，将有更多的"培斜村"站起来，并带领我国农村经济走向繁荣。

2.5 山东博兴湾头村：粗草细柳编出新农村

2014 年 12 月 23 日，阿里巴巴发布了一则关于淘宝村营业总额的统计数据，其中山东博兴湾头村位居第二。湾头村地理位置优越，水资源丰富，紧邻素有"北国江南"美誉的鲁北最大的淡水湖——麻大湖。湖畔芦苇、蒲草茂密生长，为湾头村编织产业的发展提供了得天独厚的优越条件。

在过去，上至七八十岁的老太太，下至六七岁的小姑娘，人人都会编织。但是，随着观念的改变，"80 后""90 后"中几乎找不到精通编织技术的达人，只有少数"70 后"仍传承着老一辈的手艺。直到 2008 年北京奥运会后，编织才又重新红火起来。而真正让这个手艺复兴起来的是现在人人熟知的现代产业——电子商务。

走在湾头村的大路上，从外观上看是典型的北方农村的样貌：红砖瓦房，柳树成荫。但是，如果你仔细观察就会发现墙上贴满了电商标语——"编出美丽新农村，淘来幸福生活"。除此之外，村民的家里也处处可见电商的宣传标语（见图 2-3），这些标语彰显着互联网时代给这个小村庄带来的翻天覆地的变化。

图 2-3　电商进入湾头村

博兴县锦秋街道湾头村支部委员安宝忠说道，电子商务给湾头村带来了勃勃生机，因为电子商务的门槛较低，而且无需大量资金投入，许多有想法的村民愿意一试。在电子商务进入之前，村子里存在着很多传统做草柳编的实体店。虽然产品很多，但是由于缺乏适当的销售渠道，大量产品都堆积在了家里。而现在，电子商务帮助他们彻底解决了销售渠道的难题，草柳编产品开始走向全国，变得供不应求。以前认为大城市发展机会多、愿意留在大城市的年轻人也都返回家乡，做起了自己的小生意。除了本村人，就连对当地经济略有了解的一些外地年轻人，包括山西的、河南的、河北的也都在村子里开起了网店，做起了买卖。

谈起湾头村的淘宝之路，要追溯到 2005 年初。当时，湾头村的一些年轻人嗅到了电子商务结合草柳编的商机，于是在淘宝网上注册了湾头村的第一批淘宝店。他们最开始销售的是小型草编工艺品，慢慢发展到全系列草柳编工艺品的设计、生产以及网上销售。正如安宝忠所说，网店与实体店相比较，有着信息传递速度快、覆盖面广、成本低的优势，这些优势使湾头村迅速掀起了一股"淘宝热"，越来越多人开始开网店，销售额也有了量的飞跃。

2013 年，阿里巴巴旗下的阿里研究院与淘宝网共同在湾头村举办了淘宝村新闻发布会。借助这次发布会，"湾头淘宝村"的名声传遍全国。阿里研究院资深专家陈亮将以湾头村为代表的淘宝村比作信息时代的小岗村："30 多年前，小岗村改变了中国农村。30 年后，湾头村改变了一切。"

到了 2014 年，锦秋街道已经形成了湾头村草柳编一条街。在这条街上的商户主要生产蒲编、草鞋、柳编、藤椅等 30 多种草柳编产品，共有 4000 多个花色品种、6000 多万件产品；从业人员 3.5 万，人均年收入已达 14400 元。

2015 年 5 月 13 日，山东省县域电子商务大会在滨州举行，大会明确表示要大力支持电子商务的发展。作为电子商务发展的典型，湾头村成为了这次大会的研究案例。

传统商业与电子商务碰撞出了火花，让湾头人尝到了甜头。为了使草柳编行业更加规范、健康地发展，湾头人采取了很多措施。例如创立商户入会率达 100% 的锦秋工艺品农民专业合作社，这家合作社创造性地采取"公司＋基地＋农户"的产业组织模式，以龙头企业为中心、个体手工业户为网点，辐射周边 10 多个镇，逐渐形成了"贸工农一体化、产供销一条龙"的生产经营体系。

与此同时，锦秋街道还成立了农村电子商务服务中心，举办草柳编技艺进学校、进讲堂等多种活动；与淘宝大学进行多次合作，组织村民到淘宝杭州总部学习培训，邀请淘宝大学知名讲师为村民们授课，解决了村民们如何更好地运用电商技术、如何与顾客良好地沟通、如何正确利用电商进行营销等问题。

贾培晓是湾头村一位较早开网店的村民，他的目暖家居草编旗舰店做得可谓是风生水起。2006 年起，他就尝试着在淘宝网上卖货，到了 2008 年便已经将村里的草编产品拍照并传到网上销售。贾培晓白手起家，最开始只有他的妻子做客服，到现在客服人员已经增加到了 4 人。仅 2012 年一年的时间，他的店铺销售额就达到了 300 万元。

在电商的发展和贾晓培的带动下，湾头村开网店的村民越来越多，其中甚至包括不少已经毕业了的大学生。

安宝康在 2009 年大学毕业后看到村里草柳编产业发展得如火如荼，便没有选择留在大城市打拼，而是回乡开起了网店。截至 2014 年，他每个月的网店销量都超过了 10 万元。

值得一提的是，像贾培晓、安宝康开办的这些网店并不是自产自销，而是与当地编工建立了长期的合作关系。同时，网店的兴起也吸引了大量的快递公司入驻湾头村，拉动了当地经济的发展。

看到农村淘宝的发展趋势，阿里巴巴也正在对农村电商进行全方面布局。阿里研究院资深专家陈亮说："以前淘宝村只是个案，现在已经到了快速发展的阶段。下一步，阿里巴巴将在广大农村地区推广以淘宝村为代表的农村电子商务。"2012 年，淘宝网上线生态农业频道，入驻生态农场的商家数量达到 1000 多家。同时，淘宝网页面开设"特色中国"板块（见图 2-4）。其中有多个地方馆，馆里面推广富有地域特色的农产品。

图 2-4　淘宝网"特色中国"板块

电商不仅改变了城市人的消费习惯和零售业的格局，还改变了农村的面貌。《中国淘宝村研究报告（2016）》显示，截至 2016 年 8 月底，在全国共发现 1311 个淘宝村，淘宝镇的数量达到 135 个。我们有理由相信，在电商和"互联网 +"的带领下，以湾头村为代表的淘宝村将会迎来更加辉煌的未来。

2.6 福建仙游：用红木家具打开电商大门

仙游县地处福建省沿海中部，隶属莆田市，依山傍水，气候宜人。近年来，仙游县政府深化"互联网＋农村"发展模式，大力发展农村电商，支持本地群众进行电商自主创业。仙游县依托产业优势，快速构建起现代物流网络，推动线上线下的产业融合，激发本地村民消费，并通过农村电商渠道快速实现了"仙游特产卖全国"的目标。

目前，仙游县拥有 1 个"中国淘宝镇"——榜头镇，以及坝下社区、紫泽社区、泉山社区、南溪村、海安村 5 个淘宝村，是福建省首批农村电商示范县。在政府与全县人民的共同努力下，如今的仙游县拥有 4000 多家网店、40 余家电商企业以及 20 余个农村淘宝服务站，年均电商交易额达 20 多亿元人民币，形成了"店铺小、仓库大、网络畅、销售远、效益高"的农村电商新业态。

在这些农村电商新业态中，红木家具可谓是个中翘楚。近年来，独具仙游特色的木雕家具风靡全国市场。仙游"仙作"甚至取代山西"晋作"，与苏州"苏作"、广州"广作"和北京"京作"并称为全国明清古典家具四大流派，福建仙游也被赞誉为"中国古典工艺家具之都"。

仙游可谓是知名木雕企业的聚集地，"铭天下""天纵""鲁艺""钰海斋""一生一木"等当地红木企业产品占领了全国市场的大份额。而仙游红木家具之所以能够"走出仙游，迈向全国"，获得全国消费者的认可，还要归功于其正确的发展模式——农村电商。

正确的发展模式为仙游县带来了新的活力，为仙游县人民创业致富开拓出了一条平坦而快捷的道路。陈铭洲与黄海声分别是"铭天下"红木家具与"天纵"红木家具的创始人，是仙游红木产业的年轻企业家代表，更是首批仙游农村电商模式的受益者之一。正是由于仙游县政府的大力扶持，二人才能够白手起家，快速拥有自己的一片天地。

2011年，陈铭洲还只是一名从事红木雕刻行业的小学徒，自主创业一直是他的梦想。但由于缺乏经验与资金，陈铭洲一直未能找到合适的创业突破口。而仙游县政府对农村电商的大力宣传，让陈铭洲仿佛看到了创业之门。

通过简单的市场调查与初步判断，陈铭洲发现家具类用品是电商平台所缺少的产品，红木家具、中式古典家具更是市场空白，而销售鸡翅木家具的网店只有区区6家。意识到这个商机，陈铭洲将视线锁定在红木家具上，开始在淘宝上销售鸡翅木家具，并开启他的创业之旅。经过不懈地努力，陈铭洲的第一家铭天下红木家具有限公司终于正式成立，并入驻淘宝、天猫平台。

然而，梦想丰满，现实骨感。由于缺乏经验与资金，陈铭洲的网上店铺由于种种原因一直生意惨淡。为此，陈铭洲反复思考，摸索农村电商运营的诀窍。政府部门也对本地首批农村电商创业者给予高度重视，并多次会见陈铭洲指导铭天下家具的运营方向（见图2-5）。

图2-5 政府人员与陈铭洲谈论铭天下的运营方向

通过自身的摸索与政府的指引，陈铭洲意识到农村电商运营与传统店铺的经营完全不同，并针对自己的不足快速作出调整，展开以下工作。

（1）开设线下实体展厅和工厂

在红木电商发展的初期，各商家在网上只有产品的图片展示，没有任何关于实体店的介绍。为了更好地把控产品质量、增加客户信任、扩大经营规模，陈铭洲开设了线下实体展厅和工厂。

（2）进行团队建设

铭天下为提高旗舰店的专业性与店铺美观度，大力进行团队建设。如今，铭天下已从创业期的简陋环境与初级团队发展成为拥有客服、美工、运营、摄影师等15人的专业电商团队，拍摄条件也从以前的驻地拍摄发展至使用白布、影棚相纸作为背景以及增加道具和模特的实景图拍摄。

（3）紧抓售后服务

陈铭洲认为客户的评价反馈可以对线上产品的销售经营起到决定性影响。线上的一个差评，一个售后介入，就可能为店铺销售带来致命的影响。因此，其紧抓售后服务，无论对错，尽最大力量去妥协、去满足，以获得最大的客户满意度。

（4）物流系统建设

电商的发展不可能离开物流系统的辅助配合，而当时的仙游县物流公司匮乏。为了更好地发展红木电商，陈铭洲动员行业商家多次联系德邦物流，终于在2013年与德邦物流达成合作，将其引入仙游。

在政府与陈铭洲的共同努力下，陈铭洲的"铭天下"天猫店终于有了起色，并凭借良好的品质赢得了一大批忠实客户，成为仙游县电商企业中的佼佼者与值得仙游电商企业学习的典范，为仙游县"互联网＋农村"战略的开展与深化作出了贡献。

铭天下在仙游县政府的扶持下顺应"互联网＋农业"的大趋势，快速取得了傲人的成绩，让仙游"仙作"在全国红木家具市场声名远播。除了铭天下，"天纵"也是仙游红木电商中的成功代表，同样为福建仙游打开全国红木市场的大门作出了卓越的贡献。

"天纵"模式是典型的"线下批发＋线上零售"的O2O模式。在互联网成为重要生产力的现代商业社会，仙游"天纵"的成功可谓是必然现象。"天纵"品牌创始人黄海声曾在其创业总结中阐述自己的创业经历，并对天纵O2O电商模式进行总结。

2010 年 9 月，黄海声发现红木工艺品和红木家具淘宝市场中的空白，于是决定抓住机遇，踏上了红木电商的创业之路。

具有一定淘宝运营经验的黄海声深谙电商运营之道，在"售后吃亏是福"的经营思想的指导下，经过 4 个月的累积，快速使网店的运营走上了正轨，并解决了快递物流、产品品质等原因导致的售后问题，大大提高了出单率。

同时，为了解决采购、库存、发货以及款式扩充等问题，黄海声决定成立实体展厅，并选择厂家比较丰富、地缘人缘旺盛且自己最了解的度尾镇作为回乡创业的根据地。但由于度尾镇的地理位置问题，当时能到展厅采购的几乎都是来自全国各地的经销商，零售客户少之又少。因此，黄海声采取"一司两制"的模式，分别定位线上线下不同的消费人群：线下实体服务全国各地经销商（靠地理位置、款式、性价比与同行竞争），线上依托第三方平台服务全国各地终端消费者（重品质、提服务、开设公司做天猫旗舰店树品牌）。

黄海声曾表示，"天纵"未来的商业规划仍将贯彻 O2O 电商模式，并基于自己对品牌的理解，继续朝着如何占领更多终端消费者的心智资源方向去走，通过加盟将 O2O 的商业模式进行升级：品牌总部在线上通过自建 APP 平台、第三方平台、微信等各种网络营销渠道与终端消费者建立关系，线下通过有线上订单导入作支撑的在各地拥有品牌体验馆的加盟商来占领终端消费者的心智资源，从而在真正意义上打通线上线下的壁垒。

"天纵"利用 O2O 模式走出仙游县门，快速打开了红木实用小件的市场，并使仙游红木名声大噪，为仙游县经济的发展贡献了一份力量。"天纵"创始人黄海声的创业经历与陈铭洲的创业经历有不少相似之处，二者的成功均可归结为同一原因——正确的电商模式。

红木电商的发展带动了仙游县 IT、物流等多个产业的发展，让仙游县改换新颜。如今的仙游县已经利用"互联网 +"模式开启了红木电商的新时代。例如，莆田市政府曾多次联手以阿里巴巴集团为代表的大型电商平台，积极与各大电商平台签订战略合作协议，积极动员本地年轻合伙人，积极扶持本地电商企业，形成电商龙头企业标杆，为红木电商升级造势，助力红木电商的发展，让本地红木产品上行至全国市场。

仙游县利用红木电商打开了全国市场的大门，红木电商模式的成功也为仙游县摸索出了一条正确的电商发展之路。此后，仙游县将此模式运用到其他地域特产的电商推广中来，并打造出度尾文旦柚、金沙薏米、书峰枇杷、枫亭糕、线面、兴化粉等多种地标性特产，极大地推动了仙游本地的经济发展，提高了仙游人民的生活水平。

"互联网 + 农村"是现代技术变革与政府政策风向的大势所趋。仙游县政府部门表示，在未来，仙游县仍不可放缓农村电商的发展步伐，会继续发掘更多独具特色的地域特产，加强高素质技术人员的培养，打造适合自身发展的电商培训体系，加强道路、网络光纤、电商服务站等基础设施的建设，让仙游的农村电商之路走得更长、更远。

第 3 章

农产品电商化的前期准备

商场如战场，企业在开展任何项目之前都需要做好充分的准备工作，无论是人力、物力、财力，还是装备、方法、工具等方面都需要进行全面而详细的筹备。对于农村电商也是一样，如想做好农产品上行，前期详细的市场考察以及资源配置和优化是必要的保障。

3.1 互联网市场数据化分析

在"互联网 +"浪潮的冲击下，电商已经成为无数企业和创业者抢占市场的重要选择。而且，电商也不再是城市的专属，越来越多的人开始将目光对准农村市场，农产品电商化逐步成为人们关注的焦点。然而，对于任何企业或者创业者来说，在开启新项目之前，一份详细而合理的商业计划是非常重要的。所有商业技术都是建立在市场分析的基础之上，实际而深入的市场数据分析是商业计划的灵魂，如果缺少这个环节，那么所谓的商业计划就只是一座空中楼阁。做好市场数据化分析，可以从以下几方面入手。

（1）对项目所处行业整体前景的了解

了解项目所处行业的整体前景是市场分析的基础，包括行业发展现状以及市场潜力两个部分。这项工作可以帮助企业详细了解行业所在市场的竞争情况，从而更好地对竞争对手进行详细的分析总结。

（2）对竞争对手的分析

知己知彼，百战不殆，了解竞争对手的基本情况是市场分析调查中必不可少的工作。同时，要总结对手的经验，并分析自身产品打入市场的正确途径。

（3）对自身情况的分析

对自身情况的分析可以采用 SWOT 方法进行，即结合自身企业在行业中的优势、弱势、发展机会、在市场中面临的威胁等几个方面，对自身项目进行详细而具体的分析。这是一种将企业与市场结合进行整体分析的方法，目的就是帮助企业扩大市场份额。

（4）对目标消费者的分析

任何产品的最终目的都是面向消费者，取得消费者的认可是企业扩张过程中的最重要事情。因此，每款产品在正式推出之前都要找出适合自身的目标消费群体，从而对这个群体的市场需求和特征进行详细的分析研究，使企业产品得到市场的认可。

需要强调的是，互联网时代，企业正处于时刻变化的环境之中，每个项目所面临的环境也不是一成不变的。因此，一份真正优秀的市场数据分析应该建立在时间的基础上，对一定框架内的市场环境作出客观且动态的分析和预测。

"互联网＋农业"让广大农民朋友成功搭上了互联网的时代快车，给农产品销售开辟了一条全新的道路，让广阔的农村地区摸索到了一条网络致富之路。和传统的线下销售相比，电商最突出的特点就是保存了足够的数据。而数据化正是互联网化的核心和本质。可以说，电商是一个与数据为伴的行业，而准确的市场数据分析对于企业的成功发展至关重要。那么，数据又应该从何而来呢？

通常情况下，我们可以采用三种方式取得市场的具体数据，即以问卷形式进行的市场调研、使用互联网官方工具查看市场行情以及对历史数据进行调查研究。传统的线下市场调查不但耗时长、准确度低，而且取得的数据无论是广度还是深度上都非常有限。随着计算机和互联网技术的不断提高，一些官方查询工具的出现无疑为人们提供了极大的方便。百度指数就是投资者在数据查询统计中常用到的一种工具。

在我国搜索引擎市场，百度的地位是毋庸置疑的。这就意味着通过百度指数取得的统计数据具有较高的精准性，在很大程度上直接反映了人们对某个词语的关注度。在这里，我们可以清楚地了解到一个词语的搜索热度、整体趋势、相关热词搜索趋势以及媒体关注热度，从而了解产品发展的市场前景。

同时，我们还可以通过百度指数的人群画像了解该词语所代表人群的地域分布以及人群属性，从而根据数据统计选择一些搜索热度较高的城市作为产品宣传和销售的主要地点；同时还可以根据这些地区人群的特点设计产品的包装和价值塑造，以便吸引更多客户。而产品人群属性的统计则更加有利于我们定位目标客户与市场价格。

1. 分析市场

农村是个非常广泛的市场，企业踏入农村电商行业后还需要进行更细致的市场分类和分析。选择市场，最好不要只凭直觉，更多的时候要相信数据，尤其是使用互联网工具进行数据分析。首先要确定市场细分的变量，即找到能够且适合切入的变量。值得一提的是，因为当前定位的需求单纯依靠单一维度的市场细分已经很难得到满足，所以进行市场细分最好从多维度入手。

例如，我们在选择市场时很有可能会对其进行刻画：学历本科以上、月收入超过 10000 元、追求时尚的年轻白领……那么，在人群画像上这些人往往会具有更多的相同点，可以帮助我们更加明确地对消费群体进行定位。

2. 搜索分类

在淘宝上，搜索分类是一个快捷、方便的多维度市场细分途径。以蜂蜜为例，当我们搜索类目大词或者产品词时，可以得到如图 3-1 所示的界面。

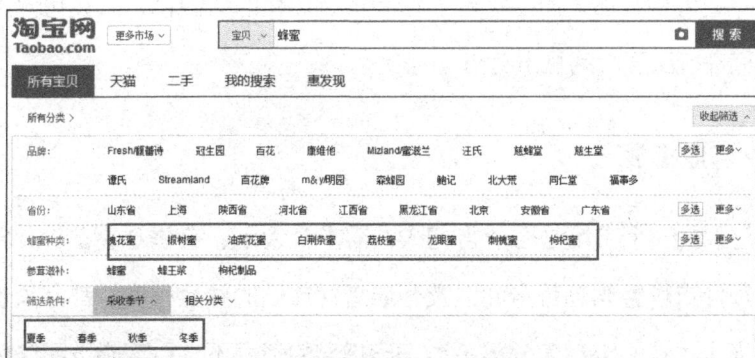

图 3-1　搜索分类

淘宝有"类目"的概念，卖家在上传宝贝时要做的第一件事就是选择类目。因为宝贝上传到淘宝平台时需要将其放到固定类目的仓库中，以方便搜索引擎寻找。这里也可以将其理解为主要作用是服务于搜索引擎的后台类目。

图 3-1 显示的就是淘宝系统的另外一种分类，这种分类并非属于服务搜索引擎的后台类目，而是为消费者提供便利的前台类目。那么，这时候就会出现一个问题：放在前台类目的产品可能是放在同一个仓库，也可能不是放在同一个仓库。例如，"槐花蜜"这个类目的宝贝虽然被分布在多个仓库，但是其目

标人群的画像一定是精准而统一的——想买槐花蜜的人。这些前台类目都可以通过阿里巴巴的大数据中心统计分析得出。而且，这些人群细分基本都是多维度的。

接下来，开始分析一下这些前台类目（当然，具体分析类目的数量需要根据分析的效果与对行业的熟悉程度来确定）。前台类目的分析方法很简单，以"槐花蜜"为例，分析槐花蜜的前台类目，只需点击框中的搜索关键词即可很快得到对应关键词的类目信息。值得注意的是，前台类目关键词有两大作用：一是可将其加入产品标题中作为重点优化的关键词；二是可以根据这些关键词进行深层次的热点分析。

3. 百度指数

如何判断一个市场是否值得切入？需求量大小、竞争对手多少、转化率高低、预计市场整体趋势走向以及开店者对市场的熟悉程度，都必须加入考虑范围当中。在淘宝搜索分类不能正确指导的情况下，百度指数不失为判断整体趋势的好方法。打开百度指数，市场行情模块中有一个功能——搜索词查询。搜索词查询功能可以为使用者提供是否值得其切入的最基本的判断标准。搜索人气稳定且不错、支付转化率比较高、在线商品数量少、整体趋势持续上走（注意考虑季节性因素）的产品市场更加值得开店者切入。

除了百度指数之外，现在市场上还存在许多专业的一站式数据分析产品，如淘宝的生意参谋、阿里云的大数据平台等。这类数据分析软件都可以帮助投资者快速、准确地得到自己需要了解的数据，从而为项目的开展做好充分的前期准备工作。

农村电商的兴起将农产品线上和线下营销有效地结合在一起，逐步促成"农产品进城"和"工业品下乡"的双向流通，形成一个全新的商业闭环。而做好农产品电商上行工作的第一步就是要做好市场数据的分析工作，以最大化保障项目实施的可行性，为今后打开市场打下基础。

3.2　农产品卖点挖掘

进行过电商的市场调研和数据分析，确定好预备进军的农产品行业，接下来的工作就是做相关农产品的卖点挖掘及定位。

到底如何才能赋予"特色"一定的卖点呢？首先，为寻找产品的核心卖点，商家要对产品有深入的了解，同时了解对手，学会以差异化的思维在众多同质化的农产品中发现自身产品的独特之处，从而最大化地取得竞争优势。通过对产品生产的地域优势、文化优势、品牌优势等各个方面进行塑造，寻找激发消费者购买欲的"兴奋点"，从而打造出既能满足消费者需要又能和竞争对手进行直接区分的独特卖点。

结合农产品本身的特殊属性，可将卖点的挖掘定位在地域优势上。因为生长地区的不同消费差距，可以赋予当地农产品很难被套用的优势卖点。除此之外，农产品电商也需学会利用农产品的悠久历史，挖掘传统优势中潜藏的极好卖点，并借此产品磁场效应制造客户黏性。同时，农产品电商还需要注意从品牌上培育卖点，因为品牌才是产品最终成功打开市场并具有持久消费吸引力的最佳武器。缺乏品牌化，即使产品拥有一时的卖点也不会走得长远。接下来，我们就细说农产品的主要可挖掘卖点。

1. 土

"土"是农产品最主要的特色，以及最重要的卖点。农产品讲究源头和地域文化，多数为原产地土生土长、原产地直发，并由作为农民的电商从业者亲自种植、亲自制作的天然绿色产品。如此，"土"便成为了安全健康的代名词。

（1）土鸡蛋

土鸡蛋的最大特点就是"土"。农村电商经营者可在自己的网店页面上重点宣传散养鸡，渲染农村氛围，从而让消费者对产品产生信任，产生好感，放心购买（见图3-2）。

图 3-2　原生态土鸡养殖

（2）原生态蜂蜜

原生态蜂蜜也是"土"产品的典型代表。该产品在进行电商销售时可以重点突出原生态，通过展示蜂农的养蜂状态、养蜂的现场（见图3-3）、割蜜的过程（见图3-4）以及未加工直接装瓶的图片赢得消费者的认可。

图 3-3　蜜蜂养殖

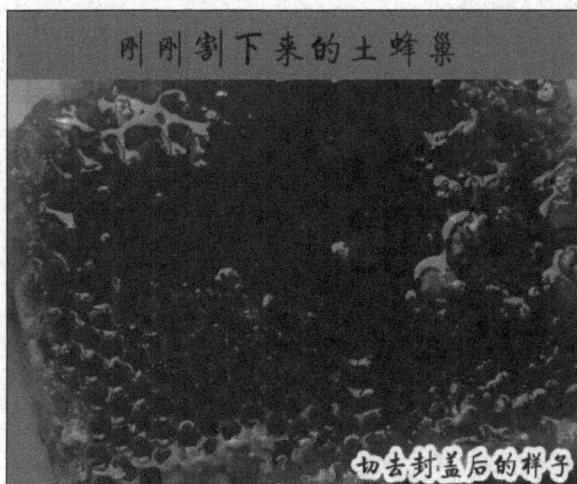

图 3-4　割蜂蜜

（3）修江源皇菊

修江源皇菊是源产优品平台与江西省级龙头企业修江源品牌进行战略合作，合力打造的"土"产品。其无任何除草剂、杀虫剂等农药残害，全程纯人工种植，并采用古法柴火烘干，保持了菊花原本的清香，可让城市里的人吃到真正的生态有机种植皇菊（见图3-5）。因此，在进行电商销售时可对其产地、制作工艺进行重点宣传。

图 3-5　源产优品的修江源皇菊

2. 人物塑造与讲故事

人物塑造与讲故事是打造产品文化、提升产品核心价值、提高产品市场竞争力的有效手段之一，电商团队可以为自身的农产品塑造一个有意义、有特点的故事，以此提高农产品的知名度与消费者对农产品的好感度。

（1）大学生返乡创业

利用创业者的返乡大学生身份等特征，可以对农产品进行塑造包装，让消费者心生好感，以此收获忠实客户（见图3-6）。

图3-6　大学生返乡创业

（2）公益、爱心义卖、扶贫

农特产品多产于偏远农村与贫困县，也有很多因为产量大导致滞销。所以，公益、爱心义卖、扶贫概念可以成为其很好的卖点（见图3-7）。

（3）明星代言

农产品的土味结合明星的公众影响会加快农产品的传播。有时企业苦苦经营多年，还不如一个月的明星代言造成

图3-7　公益大枣

的影响大。当然，明星代言必须贴合农产品本身的定位和真实效果（见图3-8）。

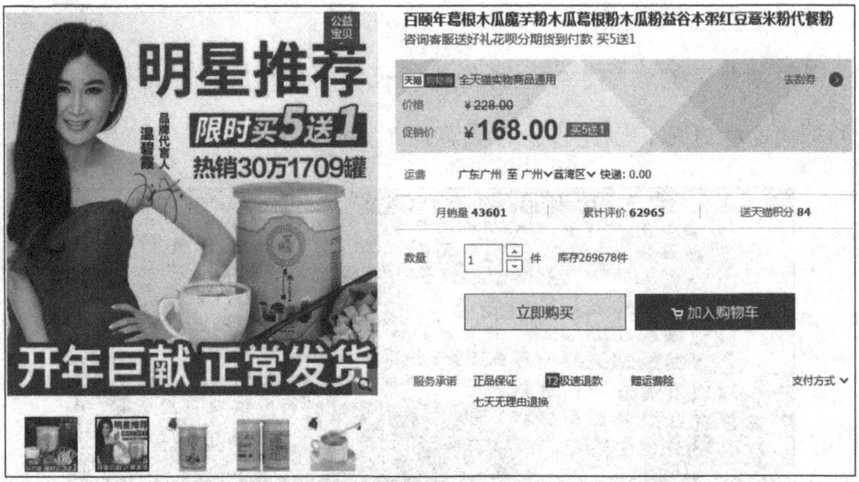

图 3-8　百颐年明星代言

3. 味道好

农特产品一般兼具健康、绿色、有机、天然和好吃等特点，食用性是其最基本的属性。对于食用产品来说，味道好才是王道。大力宣传农产品的绝妙口感可以吸引大量消费者来购买，如美味牛肉干的宣传点。美味牛肉干在宣传上着重强调"美味"，在勾起消费者食欲的同时，促进了其购买行为的发生（见图 3-9）。

图 3-9　美味牛肉干

4. 核心差异点

除了以上一些卖点挖掘的思路，电商团队还需要再开发出自己的核心差异点，如独特的种植方式、祖传的采摘方式、独家的制作工艺等，从而建立自己的独特优势。关于这一点，我们以芋圆为例。手工芋圆强调自己的独特手工制作工艺，并在宣传页面配上制作过程的图片，体现真实感以吸引消费者（见图 3-10、图 3-11）。

图 3-10　手工制作芋圆

图 3-11　芋圆成品

5. 关注客户评价

好的评价会让未购买的客户产生信心，差的评价则会直接导致客户流失。企业应该多关注客户评价，利用客户评价形式的口碑效应打造自身品牌形象（见图 3-12）。

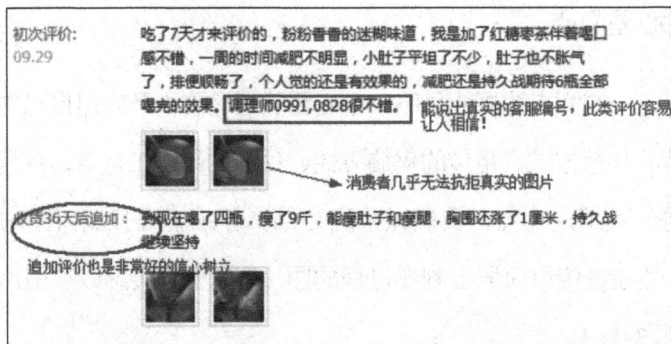

图 3-12 客户评价

对于广大农村电商来说，要想实现农产品的畅销，仅靠政府政策的扶持和市场环境的完善是不够的。农村电商只有充分发挥自身的主观能动性，正确进行产品卖点的挖掘和定位，努力形成自身强大而很难被对手取代的竞争优势，积极学习、尝试新的知识和方法，才能在众多竞争对手中脱颖而出。

3.3 描绘客户画像

任何产品的营销都是因人而异的，农产品也不例外。深度挖掘出产品的卖点之后，农村电商需要根据客户的不同选择偏好、不同社会地位、不同收入水平等差异化特点进行针对性营销。那么，如何确切地将客户细分归类呢？这就涉及客户画像的概念。

1. 客户画像

男，31 岁，已婚，收入 1 万元以上，爱美食，团购达人，喜欢红酒配香烟。

以上描述即为典型的客户画像。客户画像是客户信息的标签化。通过客户画像，农村电商可以抽象完美地描绘出客户的全貌信息，并将信息作为大数据的基础，将拥有共同兴趣爱好、共同特征的群体找出来，更好地进行营销，更好地为这个群体提供产品和服务。

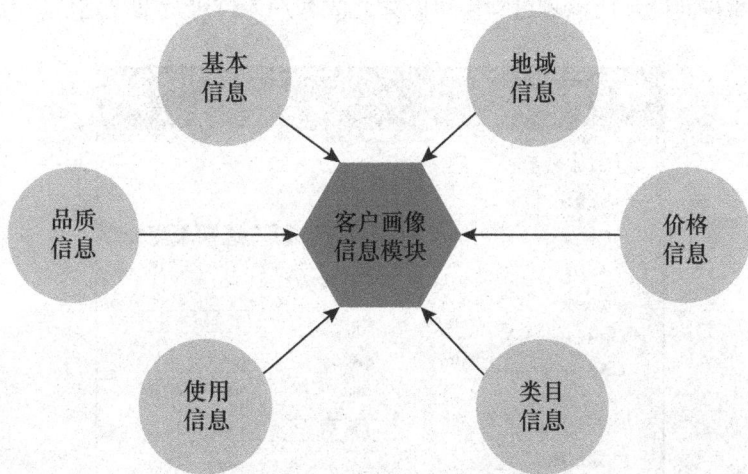

图 3-13　客户画像信息模块

客户画像包括几大信息模块（见图 3-13），农村电商可根据这些信息模块准确描绘客户形象，进行差异化与精准化营销。

客户画像是互联网时代数据化的产物，大数据是进行客户标签化的基础。

客户标签可以为农村电商提供便捷的方式，使其更加快速、准确地处理信息，尤其是在搜索引擎、广告投放等应用领域能够进一步提升精准度，提高农村电商经营者获取信息的效率。

2. 描绘客户画像

生意参谋是描绘客户画像的工具。打开"生意参谋－市场行情"板块，可以在左侧找到"人群画像"功能（见图3-14）。点击"人群画像－买家人群"，便可以看到非常详细的买方画像，包括性别、年龄、地域、价格、职业、等级、省份、城市等（见图3-15、图3-16）。生意参谋对目标客户群进行了细化拆分，农村电商在前期开店策划过程中可以如此对客户人群进行细化定位。

图3-14 买家人群画像

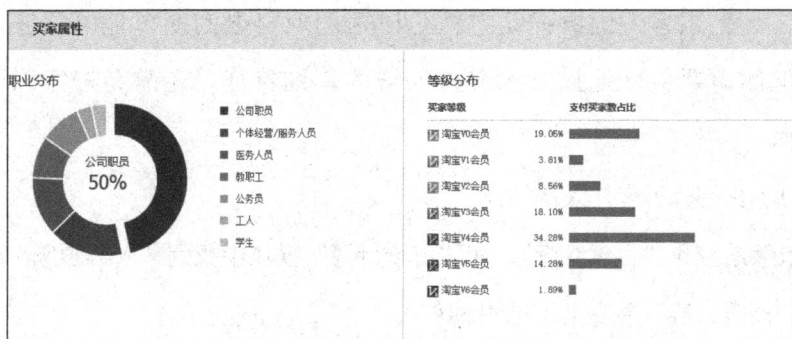

图 3-15　买家属性

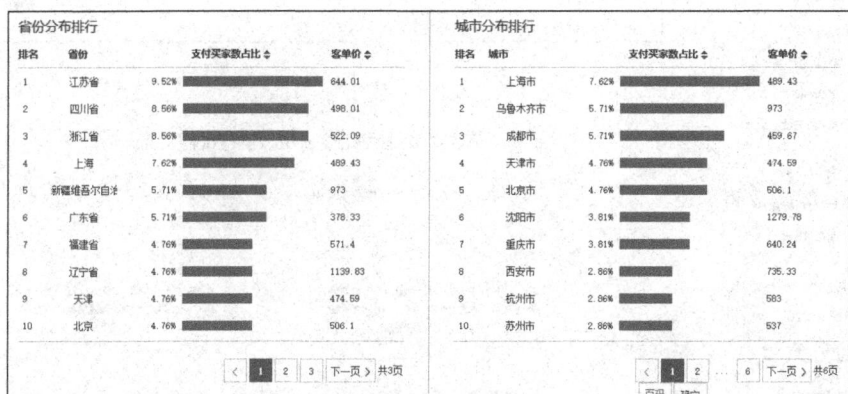

图 3-16　买家分布

3. 客户画像的深度描绘

不同人群对产品的关注点大不相同。以水果为例，低收入水平人群更关注水果的价格，高收入水平人群更关注水果的品质。通过客户画像，农村电商可以根据自身的主客户群调整店铺的视觉风格和产品详情页的设计逻辑，并针对不同客户群进行不同的营销活动，采用不同的客服语言。上述客户画像描绘方法可以帮助农村电商简单地了解客户信息，但如需要更好地描绘出客户人群的详细特征，还需要进行以下三项工作。

（1）详细分析客户人群特征

依然是打开"生意参谋"，在"市场行情"模块中找到"人群画像"工具中的"搜索人群"并点击（见图3-17）。

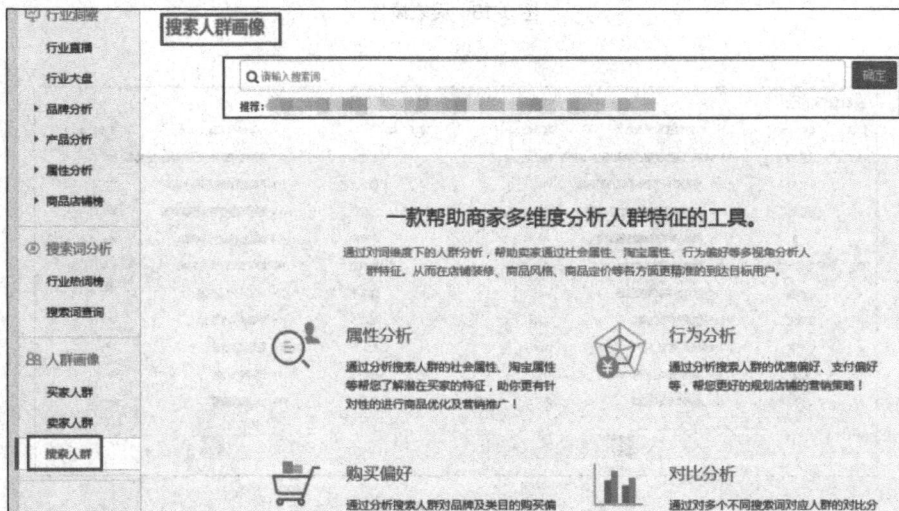

图 3-17　搜索人群画像

在"搜索人群画像"工具下方的搜索栏中可以进行关键词对比分析。如发现某几个关键词的人群特征极其类似，则有可能意味着这些关键词（某种程度上就意味着消费者需求）面对的是同一类人群。下面我们以关键词"芒果"为例，选择近30天的数据（样本越大，代表性越强）对这类客户人群进行具体分析（见图3-18）。

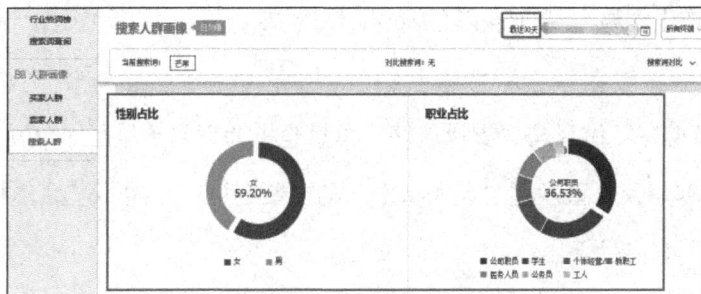

图 3-18　搜索人群画像的占比

如图 3-18 所示，购买芒果的人群中女性占比 59.20%，而且多数为学生和公司职员。因此，女学生和女白领人群为芒果类农村电商的目标客户人群。

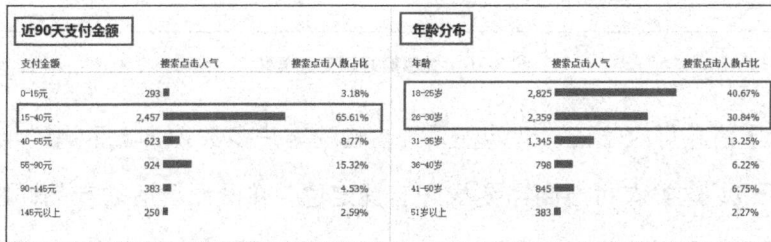

图 3-19　利用搜索人群画像找目标人群

再分析"近 90 天支付金额"与"年龄分布"（见图 3-19），可以发现大部分客户的购买金额集中在 15 ～ 40 元，占比超过 65%；价格区间为 55 ～ 90 元占比 15% 以上。整体来说，该关键词所代表客户人群的收入偏低，符合学生群体与初入社会的白领群体的定位。年龄分布数据再次印证上述结论：主要消费人群为 18 ～ 30 岁的年轻群体，整体收入偏低。

所以，以此为销售关键词的农村电商要在店铺设计、客服语言风格以及产品定价上作出调整，以迎合年轻消费群体的需求，从而更好地销售产品，提高营业额。

"优惠偏好"信息与"支付偏好"信息也极为重要（见图3-20）。该关键词的年轻客户人群喜欢在"天天特价"与"聚划算"上购买产品，并且习惯用"花呗"来支付。

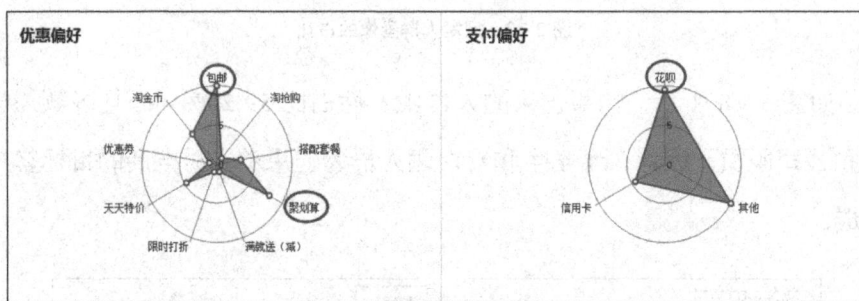

图 3-20　优惠偏好和支付偏好

以上信息再次验证，网购芒果类食物的客户多数为收入不高的年轻人群。所以，这类农村电商需要找好店铺定位，并设计合适的产品详情页、营销活动以及营销文案。同时，这类人群的购买行为会受到价格因素的重要影响，农村电商一定要在心理上让这类客户人群感到惠而不费，并尽量开通花呗、信用卡支付等透支性支付方式，以满足其多样化的支付需求。

（2）了解目标受众的主要关注点

购买不同产品的客户人群，其主要关注点差别很大。我们同样以"芒果"为例，并根据以上分析结果将芒果价格定位在 15～40 元。打开淘宝页面，在搜索框输入"芒果"，选择价格区间 15～40 元，再按照销量从高到低排行，寻找销量最好的芒果产品（见图 3-21）。

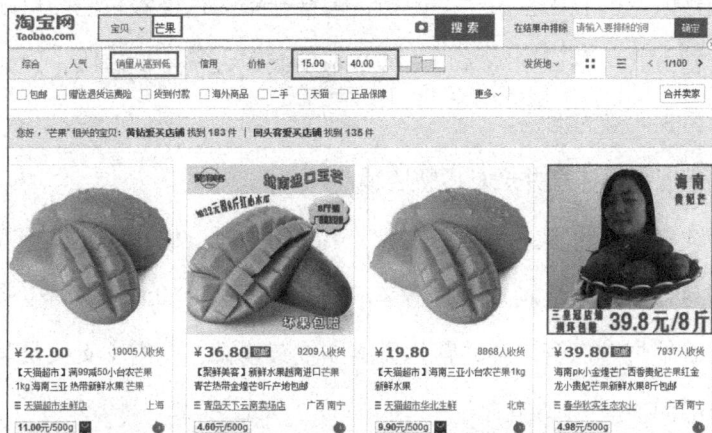

图 3-21　以"芒果"为例的淘宝筛选

　　仔细浏览销量最好的芒果产品的详情页与买家评价内容，并根据大部分买家的评价寻找有参考价值的信息。

　　我们通过观察不难发现，口感、新鲜度、物流、包装等要素是客户最关心的芒果产品问题。其中，"口感"与"新鲜度"是客户关注点的重中之重。所以，农村电商需要格外注重农产品的味道与保鲜问题。除此之外，评价信息中的客户群语言风格也极具价值（见图 3-22）。

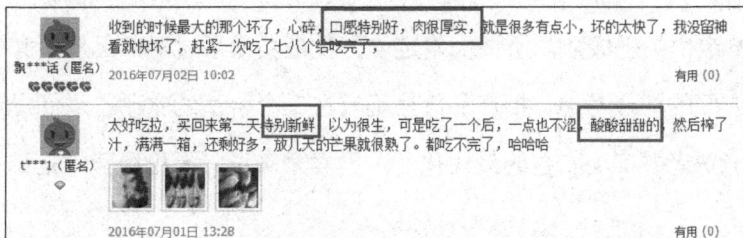

图 3-22　用户评价

分析客户群评价语言，可以帮助农村电商确定产品详情页设计风格、产品文案风格以及客服语言风格。例如，销售芒果的这类农村电商可以在产品描述与营销方式中贴近年轻客户，甚至聘用兼职大学生做客服，以此加强自身与目标客户人群的沟通。

（3）整理所得信息并规划调整店铺

我们确定了主要客户人群的性别、年龄、职业、偏好、支付方式以及关注点等信息，则可以准确地描绘出客户的完整画像。如此，农村电商便可以轻松、正确地规划自身店铺的整体风格与细节格调，交由文案人员与设计人员完成店铺调整。

客户画像是对电商客户群的标签化描述。通过客户画像，农村电商可以精准地掌握主要目标客户的详细特征，了解目标客户选择偏好，从而把握客户的心理，满足其深层需求，更好地做到因人而异的精准营销，使自身产品占据更大的市场份额，获取最大化的利润。

3.4 价格定位

价格定位关乎成败。所谓价格定位，就是卖家通过对产品质量和市场现状等多方面的综合考虑，把产品价格确定在一个合适的水平，从而尽最大可能吸引消费者并实现收益的最大化。对于卖家来说，无论经营的是哪一类产品，其定价都和成本有着直接的关系。和传统线下销售相比，较低的渠道成本一直是电商经营者的最大优势。而对于农村电商来说，正确地给农产品进行价格定位也是一门必不可少的功课。

简单地说，卖家对产品进行价格定位的过程就是和消费者进行的一场心理博弈。一般情况下，当卖家意识到自已给产品定位的价格并不被消费者认可，没人愿意为其买单的时候，再对自己的产品价格定位和产品质量进行检讨就为时已晚。特别是对于时间和资源都有限的初创公司来说，时间就是机遇，就是金钱，利用精准的价格定位一击即中才是最明智的行为。

1. 定价需考虑市场行情和竞争程度

价格定位：高档、中档、低档，意味着不同的竞争程度。产品的市场竞争程度可以使用在前面讲到的淘宝搜索和生意参谋来查看。我们继续以"芒果"为例。

在淘宝的产品搜索栏中输入"芒果"二字并点击搜索，在淘宝搜索的展示页中可以得到该产品的热门搜索关键词。同时，我们在进行筛选时也可以得到该产品某个价格区间的搜索人数占比（见图3-23）。如此，我们就可以根据此结果对宝贝价格进行定位，将其定位在大多数人喜欢的区间范围内，让其最大可能地出现在消费者的视线中。也就是说，产品定价一定要以大部分人的消费需求为依据。

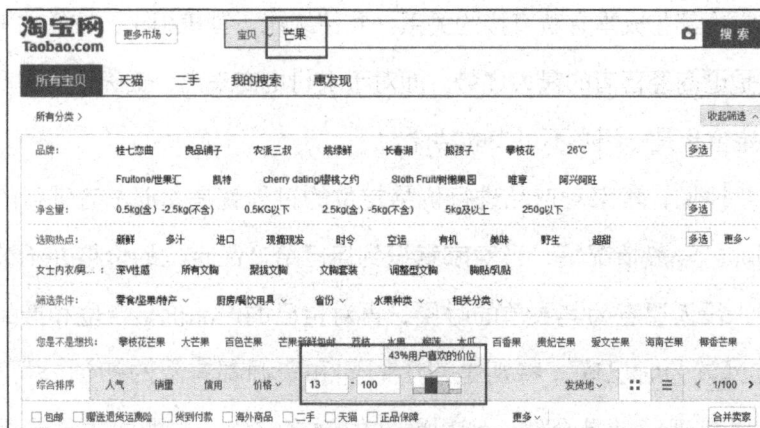

图 3-23　淘宝分类搜索

　　从图 3-24 的搜索结果可看出，低端和中端的价格段是用户喜欢以及市场接受度较高的价位，但被选择率越高也意味着竞争更加激烈。从图 3-24 中也可得出结论：价格在 100 元以上，属于高档定位的芒果市场，市场竞争相对较小。

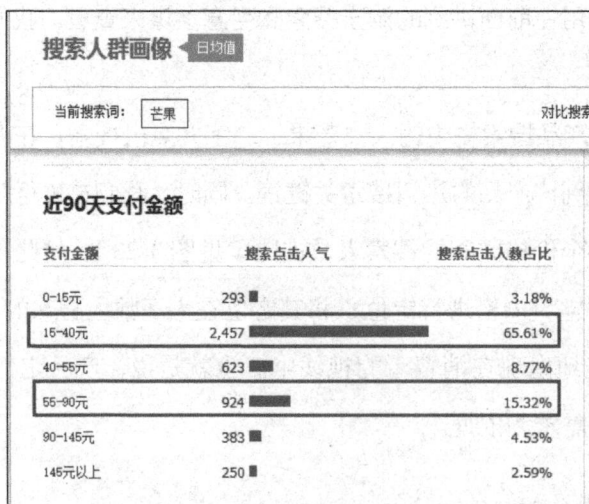

图 3-24　生意参谋的搜索人群画像

所以，我们在保证盈利的基础上，一定要注意保持产品的价格优势，制定一个较为符合大多数买家消费水平的价格。图 3-24 中淘宝搜索"芒果"，更多买家偏好 15 ~ 40 元价格区段的产品。如果你的产品定价在此区段，则可以获得更多淘宝给予的流量展示机会。此外，如果产品价格处于较低的区段，我们就可以凭借拍下立减的方式把产品价格设置到大多数买家比较偏爱的区段，以使淘宝搜索展示机会得到最大程度的增加。

2. 定价应考虑产品成本

做生意一定要考虑成本和利润，不赚钱的生意注定难以为继。所以，为产品定价时一定要计算出所有涉及的成本，如芒果本身的采购成本、包装成本、物流成本、一定比例的损耗等最终构成的产品成本。

3. 定价需留促销空间

产品价格定位要考虑市场需求，除了根据产品特性制定一个和当前整体市场比较符合的一口价之外，一定要考虑为后期的促销活动留出空间，例如"双 11"活动价、会员专享价以及老客户优惠价等。

4. 定价需考虑产品区间

一般情况下，电商店铺产品的价格需有三大区间：引流款、利润款和锚产品。

（1）引流款

引流款即店铺爆款。顾名思义，爆款就是非常火爆的产品，高流量、高曝光量、高订单量就是它的具体表现。爆款是给店铺带来流量的产品，但不是利润的主要来源。通常情况下，那些给店铺带来高流量、高订单量的产品，价格都相对较低，而其给店铺带来的利润也非常有限。

但是，对于线上店铺来说，流量是非常重要的，作为主推产品的引流款必然会以流量为最大的追求。因此，这种产品通常具有转化好、性价比高等特点，可以实现"豆腐块"位置的占领，为店铺创造更多的免费流量。

事实上，"大众"与"个性"本身就是相互矛盾的词，作为店铺吸引流量主力的引流款一定是被大多数目标客户群体所接受的。从某种意义上讲，引流款必定是非小众化产品。因此，在进行引流款产品的选择时，我们应该做好相关的数据测试和统计，挑选出一些转化率较高、地域限制较少的产品。针对这样的产品，建议每个店铺设置20%，一般5件以内。而在打造爆款的前期应该尽可能地把价格降到最低，甚至做好"赔本赚吆喝"的准备，以为打造爆款产品提供最大程度的便利。此外，卖家在成本投入上要学会适当的控制。通常情况下，0～1%的利润率对于爆款产品来说是较为合理的。因此，对于爆款产品，卖家要做好盈利不会超过1%的打算。而对于爆款产品的折扣，一般在50%以上较为合理，这样有利于参加淘宝平台的官方活动，如"双11"大促。

（2）利润款

任何店铺的运营都是以利润为最终目的，而所谓利润款就是能够为店铺盈利的产品。通常情况下，店铺的产品除了引流款都可以称得上是利润款，而利润率的大小则由卖家根据实际情况确定。这类产品的流量通常不会太多，但是利润较高。

赚钱是所有卖家的最终需求，因此在实际销售中，利润款通常在店铺的产品结构中占据较高的比例，一般为70%。此外，我们在确定利润款产品时应该瞄准目标客户群中追求个性的小众人群，对他们的爱好进行挖掘，从款式、设计风格以及价位等多个方面进行考量，以满足这个小众群体的消费需求。卖家在进行产品推广之前，同样需要以少量定向数据作为测试，可以采取预售等手段进行相应的调研，以实现精准推广。

（3）锚产品

锚产品也称形象款，即一个店铺一个品牌的形象工程。我们在马路上看到一些建筑会感叹：造价那么高，却造出了这样没有什么使用价值的东西来。但不可否认的是，这些看似没有什么使用价值的建筑使整个城市的形象得到了大幅度提升。

由于工作的原因，我需要经常出差，频繁往返于一些一线城市和二三线城市之间。通过比较，我渐渐发现，二三线城市和一线城市的最大区别就是除了自然风光之外，往往缺少一些能够让人驻足观赏的标志性建筑。而这正是形象款的价值所在——虽然高不可攀，但能够吸引人们的目光。

在产品的选择上，形象款应该以一些品质高、单价高的极小众产品为主，可以针对目标客户群中的3～5个细分人群制定3～5种形象款。通常情况下，形象款是以提升品牌形象为主要目的，只占产品销售中很小的一部分。

有家专卖烤面包机的连锁店以产品质量好、价格高而闻名，他们最初的主营产品是一种售价1399元的烤面包机，但后来他们又专门增加了一种售价为 2289 元的大型烤面包机。而由于该店的主要买家以普通用户为主，因此这种适用于面包房的大型烤面包机自然滞销得一塌糊涂。但是，其主要产品——1399 元的烤面包机却实现了销量的翻倍。

我们从以上案例可以看出，该连锁店中 2289 元的大型烤面包机就是该店的锚产品，2289 元就是该店销售价格的锚点。在将普通产品价格与这个锚点对比之后，消费者就会形成一种印象：1399 元的烤面包机简直太划算了，除了小一些，其和 2289 元的大型烤面包机的功能几乎相同。因此，尽管真正购买 2289 元烤面包机的没有几个人，但它的存在却在某种程度上使消费者愿意为烤面包机支付的价格得到了提高。

3.5 农产品拍摄

对于农村电商而言，农产品的卖相对其成交量具有非常重要的影响。因此，对农产品的拍摄是一项非常重要的工作。把产品放到网上供消费者挑选，听起来容易，实际操作起来却是困难重重。如何将农产品最美的一面展现给消费者？农产品的拍摄需要注意哪些问题？因此，准确掌握一些拍摄技巧，往往可以让你的农产品看起来更加具有吸引力。

农产品的拍摄是一门较大的学问。首先，拍摄时必须要让农产品的形、质、色得以充分展现，诱人却不过分夸张。所谓"形"就是指农产品的整体形态以及外形特征，"质"则是指农产品的质地、质量、质感，这是拍摄时要求最严格的地方。体现质的影纹层次要细腻逼真，细微处也要能够得以清晰展现。这就需要拍摄者掌握一些高超的拍摄技巧，将农产品的优点恰到好处地呈现在消费者面前。农产品拍摄对色彩同样有较高的要求，在色彩的处理上应该做到互相烘托，避免给人以繁、杂、乱之感。

要想拍摄好农产品，对拍摄器材的选择也要有一定的讲究。首先，一定要注意保持相机稳定，最好能够有三角架。双手握相机很容易由于情绪等因素造成相机颤动，从而影响图像的清晰度。另外，拍摄过程中一定要注意保证充足的光线。一般来讲，拍摄时自然光使用较少。如果有条件的话，最好能够利用人工光源进行拍摄。事实上，将农产品拍摄出理想的效果并不困难，只要有好的构图并配上合理的布光和布景，随时注意畸变和景深的控制，就能将农产品拍好、拍美。特别需要强调的是，农产品拍摄既要将农产品的美展现得淋漓尽致，还要注意不能因追求意境而造成农产品失去本来的面貌，只有真实的才是最适合的。下面我们就一起来了解几个具体的农产品拍摄技巧。

1. 真实的展示

（1）尽量真实展示产品外观和细节

拿真实发货的产品进行拍摄，即使有一些瑕疵也没有关系，修图无需修得太严重。过于完美的产品展示图反而会让消费者的心理预期过高，收到货后看到有瑕疵等问题而无法接受。描述与实物不符是导致消费者售后问题较多、满意度较差、店铺评分较低以及回购率较低的重要原因，长久下去会对店铺的生存和发展造成恶劣影响。

（2）尽量真实展示园区生长环境及采摘、制作加工、包装发货等过程

农产品就是要体现出自然、健康、原生态的效果，让消费者看到后更有购买欲望（见图3-25）。

图 3-25　姑娘们在采摘修江源皇菊

2. 场景式拍摄。

（1）吃的动作和场景

设计不同的吃的动作，并让模特展示出食物的美味，塑造垂涎欲滴的特点，以此刺激消费者想购买的冲动；设置不同的场景，如坐在家里的沙发上吃的场景、公园野餐吃的场景、朋友聚餐吃的场景、妈妈喂小孩吃的场景等，让消费者在购买时更有场景的代入感，从而更快速促成购买

行为（见图 3-26）。

图 3-26　丰富的水果

（2）花式吃法

很多农产品都有多种吃法，如芒果可以做成各种点心吃，也可直接切开生吃，生吃的切法也有很多，都可以生动地拍摄出来，在页面上进行展示。

3. 单个农产品的拍摄

拍摄单个农产品时，图片要尽可能简洁，一般采用素色背景。因为素色背景可以弱化背景的距离感，同时增大画面的景深，最大化地突出需要展示的产品。特别对于一些需要着重突出颜色的产品来说，淡色背景是最好的选择。如果选择深色背景，要特别注意避免和产品同一色系，以免产生违和感。同时，为了简单、明确地将产品呈现给消费者，拍摄单个农产品一般采用对角线构图的方法，还可以适当选择一些饰品进行搭配，以充分呈现出画面的美感（见图 3-27）。

图 3-27　单个农产品的拍摄

4. 农产品细节的拍摄

对于消费者来说，农产品的质量通常是其最关心的问题。因此，在对农产品进行拍摄时，拍摄者需要将农产品的一些细节清晰地呈现给消费者。一般情况下，由于标准变焦镜头的最近对焦距离太远，很难拍摄到所需要的农产品特写图，这个时候微距镜头就非常重要了。而用手机拍摄的朋友在拍摄时一定要注意打开微距模式，或者尽可能地拉近镜头，这样在拍摄农产品细节的同时还可以营造一种浅景深的美感（见图 3-28）。

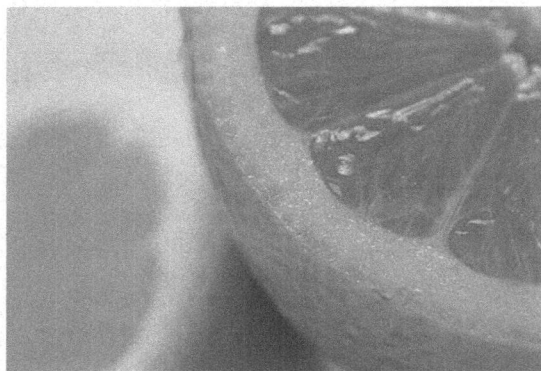

图 3-28　农产品细节展示

5. 多个农产品的拍摄

拍摄多个农产品时，构图非常关键。因为过多的产品摆放在一起常常会给人凌乱感，这就需要拍摄者进行排列组合，形成一些特定的形状，以营造出和谐的整体感。通常，三角形、弧形、方形都是拍摄多个农产品时较好的选择。拍摄时还可以加入一些品牌元素，在彰显新意的同时也为自己做宣传，以加深消费者对品牌的印象（见图 3-29）。

图 3-29　多个农产品组合拍摄

6. 有创意的拍摄

很多农村电商为了吸引更多消费者，常常会通过创意拍摄来展示自己的产品，用富有想象力的图片激发消费者的购买欲（见图 3-30）。

图 3-30　农产品创意拍摄

（1）时尚大片类

爱美之心，人人有之。当你看到时尚杂志上的商业大片时，嘴巴是否只剩下一个"O"呢？那么，怎样才能把农产品拍出时尚大片的感觉呢？方法其实很简单，要做到"一准备"，即准备好开拍前的一切道具，如摄影棚、产品、场地，甚至是准备好聘请的模特；"二灯光"，灯光很重要，光的强度不同、角度不同，拍出来的效果就会大相径庭；"三修饰"，要想照片有大片的感觉，后期的修饰是必不可少的。

（2）手绘动漫类

手绘动漫形象可以给人以朴实感，以此让消费者产生了解产品、认识产品的想法（见图3-31）。

（3）卡通形象类

拟人的卡通形象能够博得大众的喜爱，尤其是对小朋友们而言。例如，肯德基将自身塑造成一个老爷爷的形象，以此拉近与消费者之间的距离（见图3-32）。

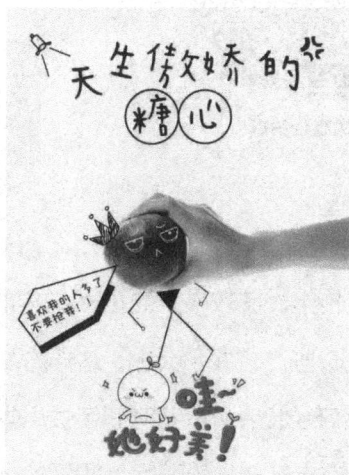

图 3-31　糖心苹果

图 3-32　肯德基老爷爷

7. 产品与水组合会显得纯净

鉴于生鲜产品的特殊性，产品的新鲜程度也是影响消费者购买行为的一个重要因素。而将农产品和水结合在一起，往往能够更加突出产品的纯净。需要注意的是，拍摄前一定要将农产品洗干净，以从视觉上给人水灵灵的感觉。拍摄时，拍摄者还可以将水和甘油按照 10:1 的比例混合后喷洒到产品上，使其呈现出漂亮的水雾效果。同时，拍摄过程中要保持充足的光线（见图 3-33）。

图 3-33　农产品和水的组合拍摄

8. 艺术性拍摄

艺术性拍摄也常常被用于企业产品的宣传上，其较夸张的拍摄方式非常能够吸引消费者的眼球。在企业宣传海报以及一些产品展示会上，这样的图片往往会取得让人意想不到的效果。建议农村电商经营者可以花时间接触一些时尚大片，然后模仿其拍摄风格和造型，做成适合自己产品的图片（见图 3-34）。

图 3-34　农产品的艺术性拍摄

在电商全面爆发的今天，图片是最能直观地向消费者展现产品形态和质量的媒介。如何将产品最美的一面呈现给消费者，确实是非常值得电商经营者用心思考的一件事情。摄影也是一门艺术，技巧再多，但最终还是需要电商经营者去挖掘和尝试。世上无难事，只怕有心人。只要肯用心，相信大家都能将自己产品最美的一面呈现给广大消费者。

3.6 农产品包装

在互联网时代，对于农产品而言，包装的重要性已毋庸置疑。农产品的包装既要注意经济实用又要注意美观，其实用性主要表现在有效控制成本的基础上保障包装的方便和清洁。而由于农产品本身的特殊性，在运输过程中需要特别注意。因此，农产品的包装要特别注意防挤压，对于以中药材为代表的特殊性农产品，最好能够在包装上附以详细的说明。此外，作为食用产品，包装材质的安全性也是非常需要注意的，最好采用一些可以反复利用的高科技清洁包装。

农产品按包装规格可分为三类：一是保存时间较短、易损坏、易撞伤、易腐烂的产品，如樱桃、荔枝、桃子、芒果、草莓等不耐储存的水果；二是保存时间较长、不易腐烂的产品，如橙子、苹果等耐储存的水果；三是保存时间较短且需一定储存条件的产品，如海鲜类、手工制品类。每一种农产品在包装上都要进行具体分析，多次测试，找出最合适的包装方式。

农产品的包装还需注意以下几点。

（1）耐摔性

注意防震，减少摩擦作用。例如，用网套单独隔开各个产品，再用泡沫箱包装，尽可能地降低快递人员暴力分拣给产品带来的损伤。

（2）透气性

大部分水果都需要透气，空气不流通很容易造成腐烂，所以需要在包装设计上注意透气性，让水果可以正常呼吸。

（3）美观度

在互联网时代，伴随着人们日益增长的消费需求，视觉营销也在发挥越来越大的作用。因此，除了实用，怎样让来自田间地头的农产品变得有格调起来——农产品包装的美感也成为农村电商企业需要学习的非常重要的一门课程。市场上产品供需关系的变化使产品包装也逐步成为了产品差异化的一种选择，好包装对于品牌形象的提高起着非常关键的作用。因此，关于农产品的包装，无论是设计、材质，还是形式，农村电商经营者都应该有所提升。外观上需要有品牌设计感，在很好地展示品牌形象的同时，还需要展示产品的相关信息，如电话号码、生产地址、微信二维码等有效的联系方式。

源产优品平台的第一款产品——修江源皇菊的包装设计经过三次修改才最终定稿。牛皮纸颜色代表品牌本身源产地原生态的调性，中间腰封米白色夹金色点拉升档次感，烫金压花等工艺提高品质感，内赠透明宽口玻璃杯，给消费者最好的皇菊冲泡体验感。此包装一经面世，消费者心中对源产优品平台、修江源皇菊都有了更深的品牌烙印（见图3-35）。

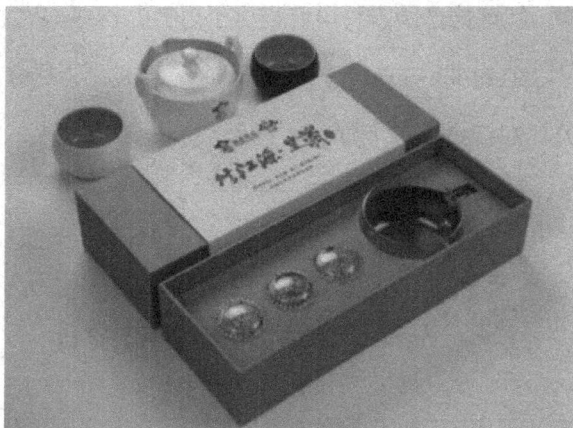

图 3-35　修江源皇菊的包装设计

（4）冰袋保鲜

有些产品是需要冷冻、冷藏储存的，这就需要加入冰袋，让产品更好地保鲜。

（5）整体包装后的重量

涉及快递费用问题时，在整体包装设计上还需考虑快递的收费情况。现在很多快递公司都推出了5斤装或者10斤装以内固定的全国通票费用，那么农产品最好在产品规格和包装整体重量上符合快递公司的标准，以节省快递费用。

（6）测试

农村电商经营者可以选择多几种方式的包装进行测试，寄到不同城市，并根据收到的情况选出一种最合适的包装方式。

在如今的电商市场中，农产品的包装设计会对农产品的销量与品牌建设产生越来越重要的影响。我国农产品的形象包装普遍存在混乱、低档、形象设计陈旧等问题，但这恰恰给农村电商提供了巨大的机遇与发展空间。

农村电商可以把握难得的机会，在节省成本的情况下尽量提升农产品包装的实用性、美观性与运输的方便性，在外观上提升农产品的形象以赢得更多消费者的青睐，从而获得更多的市场份额。

3.7 电商团队架构设计

对于农村电商来说，足够的运作资金和高素质的电商团队是企业发展的前提。中小型企业的电商团队架构较为灵活。一般来讲，企业在成立初期需要进行运营部门、客服部门、设计部门和物流部门四大团队的建设（见图 3-36）。

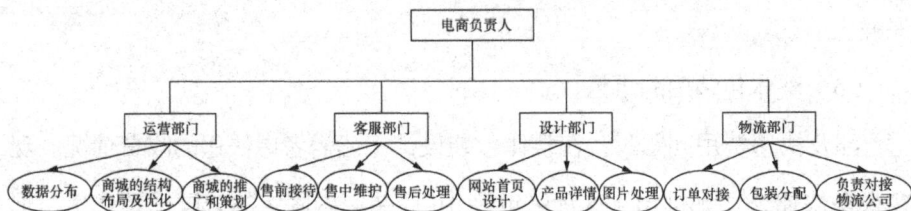

图 3-36　电商团队结构示意图

以上四大电商组织架构的标配基本可以支持中小电商企业的运营。从经验来看，一个中小型电商团队的人员总数一般在 20 人以内。当然，随着业务的发展，电商团队也会根据需要进行有计划的扩编。

1. 运营部门

运营部门是电商企业中最核心的部门，其主要任务是制定好相应的营销策略，并配合其他部门一起完成相应的销售指标，人员标配一般为6人左右。简单地说，整个项目的运作都由该部门执行，其主要业务包括以下三个方面。

（1）负责数据分析：根据一定的数据分析和了解消费者行为，从而确定产品的推广方案。

（2）进行商城的推广和策划：为完成相应的营销指标而定期推出一些推广活动，以提升商城业绩。

（3）商城结构布局及优化：通过数据和推广经验，对商城页面和方案进行不断的修改，以最大程度提高商城转化率。

需要强调的是，运营部门作为电商企业的核心部门，往往对员工的要求较高。一般来讲，优秀的运营人员除了需要对网站代码结构、相关网页设计方法以及互联网发展趋势都有一定的了解，还需要具备商城推广策划人员的必要技能——文案创作能力。同时，由于工作需要，运营人员常常要和其他部门同事进行协同工作，因此还需要具有客服销售、推广优化、活动策划等相关经验，否则很容易因为对其他岗位的不了解而造成沟通困难，从而影响整个项目的开展。

2. 客服部门

客服部门是工作量较大的一个部门，其人员配置要根据实际产品销售而定，通常不会少于3人。客服部门主要负责客户接待、下单、打单、售后处理等相关工作，具体工作职责分为以下三种。

（1）售前接待：主要负责客户前期咨询工作，需要直接和目标客户接触，因此对销售能力有一定的要求，并非常熟悉产品和淘宝规则，一般由具有一定销售经验的人担当。

（2）售中维护：在客户成功下单还未确认收货期间，客服人员要对快递和客户需求进行跟踪维护，以提高客户满意度，提升产品好评量。

（3）售后处理：对于客户反映的种种售后问题，客服人员要及时调查了解，并尽最大可能给予客户满意的答复，耐心、高效地解决客户问题。

由于工作性质不同，售前客服和售后客服需要有明确的分工。精确而完美的售后服务对于客户的二次购买以及忠诚度的提升起着决定性作用，是需要引起电商经营者重视的一个环节。做好售后工作，不仅需要解决客户反馈的种种问题，还需要客服人员主动和老客户保持一定联系，以最大可能地促成二次交易。总之，客服的工作直接影响产品的销量，成功的农村电商需要售前客服和售后客服协同配合来实现农产品销售额的最大化。

3. 设计部门

设计部门也是电商经营中必不可少的一个部门，一般由一名核心设计师和两名美工组成。其主要负责设计商城产品展示图、店铺装修、促销广告图以及对产品的拍摄和图片上传工作，全面配合运营人员的推广计划，完成网站页面的设计。我们以农村电商品牌三只松鼠为例，从三个方面介绍设计部门的主要任务。

（1）网站首页设计

网站首页是商城的门面，决定了消费者对电商企业的第一印象。首页设计不但要具备美观性，也要注重实用性。例如，三只松鼠天猫旗舰店网站首页不但构图精巧，画面优美，极具观赏性，而且产品分类清晰，一目了然，方便消费者快速找到其想购买的产品（见图 3-37）。

图 3-37　三只松鼠天猫旗舰店网站首页

（2）产品详情

产品详情即对产品的详细介绍，其直接决定了销售的转化率，对消费者购买行为有非常直接的影响。设计产品详情图时可以突出产品的价格优势、

质量优势，突出产品的独特优点，或者将部分消费者的正面反馈添加到产品详情图中，以形成产品的差异化优势，获得消费者的好感与认可。例如，三只松鼠店铺的产品详情图重点突出了产品的加工工艺，并附有买家的正面反馈（见图 3-38、图 3-39），从而让消费者放心购买。

图 3-38　三只松鼠严苛的加工生产标准

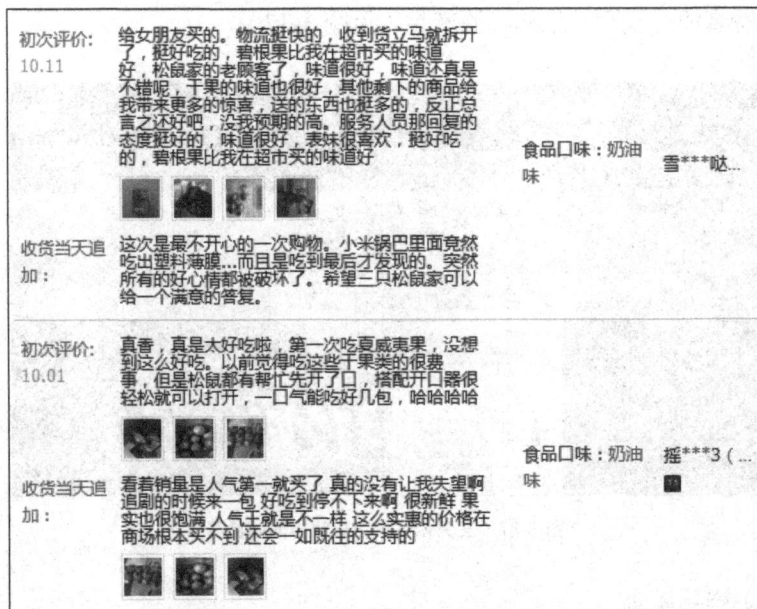

图 3-39　三只松鼠产品详情图中的买家反馈

（3）图片处理

图片的加工处理是设计部门的一项重要工作，也会对客户去留产生一定的影响。由于这里常常会涉及产品的拍摄，因此设计部门的人员也需要具备一定的摄影能力。

如前面所说，设计人员的主要工作就是配合运营部门，根据运营部门的宣传推广需要做出相应的设计。此处，设计人员也要学会正确把握客户需求，以便做出能够赢得高点击量的作品。例如，三只松鼠因曾在热播影视作品中植入自身产品的广告，便在其产品介绍中便配以影视剧照和精美的漫画。这种做法在使其整体设计风格生动活泼的同时，也赋予了产品时尚的内涵，从而赢得消费者更多的好感（见图3-40）。

图 3-40　三只松鼠的产品详情页

4. 物流部门

物流对于农村电商的发展同样具有非常重要的作用，它是销售获得成功的最后也是最关键一步。农村电商企业在发展前期可以配置两位物流人员，以做好发货速度的把控和遗漏情况的检查工作。需要物流部门承担的任务主要有以下三个方面。

（1）订单对接：即导出电商网站后台的订单数据，并将其转化为相应的物流单。

（2）包装分配：即进行产品的打包和包裹的分配工作。

（3）负责对接物流公司：这项工作需要物流人员对物流成本有一定的分析控制能力，将物流成本降到最低。

物流部门的工作是非常关键的一步，直接决定了客户的回头率。因此，物流部门工作人员一定要本着认真负责的态度对待每一个订单、每一位客户。

电商团队中的每个部门、每个岗位对企业的发展都有着极为重要的作用，农村电商在选择团队成员时要注意本着"精一而全通"的原则。因为无论是运营、客户、设计，还是物流部门，都需要紧密配合。员工除了要精通自己的本职工作之外，还要对其他部门岗位的工作有所了解，充分发挥团队的协调性及凝聚力，使企业业绩得以最大幅度的提升。

3.8 服务定位

从销售农产品到体验营销，再到服务营销；从打响知名度到提高企业美誉度，再到形成客户黏性，这是形成品牌必经的过程。粉丝经济的最大价值就在于，利用一个人的满意来吸引其周围所有人都成为产品的消费者。因此，对于农村电商来说，通过良好的服务培养忠实拥趸是促进企业发展必不可少的一环。

当前，"互联网＋农业"正在以全新的网络营销模式颠覆传统农业销售渠道，传统农业正在迎来大洗牌。农村电商的优势在于突破时间和地域的限制，为农民和消费者提供了直接交流的平台，以点对点的营销模式使传统的客户关系维护渠道变得更加简单、快捷。很多时候，农村电商的核心竞争力并不是产品，而是服务本身。对于企业来说，良好的服务就是企业形象的代表，是提高客户服务能力、带动产品销售的有效保障。因此，要做农产品上行，如何做好服务工作、全方位提高客户体验，对于农村电商来说是非常重要的一课。

那么，怎样理解和做好服务工作呢？

1. 服务的重要性

（1）服务带来更多粉丝

买过产品的称为用户，而所谓粉丝则是指那些能够重复购买且能影响他人产生购买行为的用户。这部分用户通常会自发将产品的品牌精神、质量和服务传递给他人，从而引发更多人愿意自主为产品进行口碑宣传。当下，粉丝经济已经成为商业的一个热点，提供良好的服务是企业获得粉丝的有效手段。

（2）服务带来更多销售

当今时代，低廉的价格早已失去市场竞争力，许多消费者在购物时更注重自己所享受到的服务待遇。所以，企业要想提高销售额，就必须注重服务质量，让客户买得舒心、买得开心。

（3）服务带来品牌建立

常说品牌的建立要靠质量，而如今这里的质量不单单是产品的质量，更是服务的质量。优质的产品质量为企业敲开市场的大门，而优质的服务则是打开客户购买大门的钥匙。

2. 如何服务

（1）基础服务

商家要做到快速回复、亲切友好、礼貌待人，最重要的是要解决客户提出的问题。

（2）特色服务

特色服务即想客户之所想，急客户之所急，积极主动与客户沟通交流。

（3）惊喜服务

所谓惊喜服务就是让客户感到意外、惊喜和感动、超出预期，和客户做朋友，让客户记住你。

这三种类型的服务都很适用，企业在做农村电商时要根据自身的实际情况对服务进行定位，让服务带动销售。

3. 解决好售后配送问题

售后配送是网络销售中非常重要的一个环节，其服务质量对网站信誉有着至关重要的作用。特别是对于农村电商来说，不能实现良好的售后配送服务，一切都是空谈。

4. 与消费者建立良好的联系

在这个物质充沛的时代，消费者越来越注重精神方面的追求，很在意愉悦的购物体验。对于电商来说，如果能够把握住每一位消费者，那肯定将是一笔无穷的财富。因此，要积极采取措施和消费者建立情感联系，例如根据消费者的购买记录有针对性为其推荐合适的产品、节日发个温馨的祝福等。

5. 和传统营销方式相结合

农产品行业作为最传统的行业，想要立刻改变消费者长期以来养成的消费习惯必然需要一定的时间。因此，农村电商需要通过和传统营销方式相结合，将互联网企业存在的价值最大化，建立消费者对售后服务的信心。

6. 做好网站技术支持及网络维护工作

对于电商来说，网站技术支持和网络维护是一项长期的工作，往往需要投入大量的人力和物力，时刻保障企业的硬件配套设施能够满足客户日益增长的需求，在网站浏览量和销售量激增时也能够为客户提供及时、有效的服务。同时，足够的网络安全意识也是互联网时代对农村电商的要求，农村电商要时刻在企业信息、客户资料、财务安全等各个方面保持警惕，让客户真正感到安心、放心。

口碑传播是最适合电商行业的宣传方式。对于农村电商来说，客户的口碑永远是最重要的，在任何情况下都不要得罪客户。你只要赶走一位客户，就等于赶走了潜在的 250 位客户，因为每位客户背后都站着 250 个和他关系亲近的人。

第 4 章

农村电商网店运营策略

电商行业不同于传统商业，合适的运营平台仅仅是良好运营的前提，技术才是关键。电商平台有很多，因功能门槛等不同而具有不同的特点，有适合个人的低门槛平台，有适合企业的较高门槛平台，也有适合品牌营销的高门槛平台。农村电商要想把农产品卖出高格调，就要对其产品和广告进行准确定位，制定相适应的运营策略。

4.1 电商平台选择

互联网时代，综合性的电商平台非常多，但是现阶段市场份额占比较大的还是淘宝系和京东系。淘宝系有阿里巴巴、淘宝和天猫三大平台，其中阿里巴巴是 B2B 批发平台，淘宝主攻 C2C，天猫主攻 B2C。接下来，我们简单介绍一下阿里巴巴、淘宝、天猫和京东这四大电商平台。

1. 阿里巴巴

阿里巴巴适合货品需求量大、以批发为主要经营形式的网商，具有企业资质或者个体户资质者才能在阿里巴巴开店。开通阿里巴巴平台的网店无需保证金、年费和技术服务费，但需开通一年费用为 6688 元的诚信通，销售无扣点佣金。

2. 淘宝

淘宝网店分为个人店和企业店两种形式。

个人店的开通条件较低，只需身份证开通、支付宝实名认证与至少

1000 元的保证金即可，而且销售无扣点佣金，一般 5 个工作日即可通过审核并完成开店。其因门槛较低而被认为是个体农户触网电商的最佳选择。值得注意的是，个人店虽然开通成本较低，但会因缺乏品牌力而只能获得相对较低的消费者信任感。

企业店的开通条件则较高，需要具有企业资质才能开通，而且需要缴纳至少 1000 元的保证金，销售无扣点佣金，通过审核并完成开店需要 7 个工作日。目前，因天猫开店受阻，有企业资质的商户纷纷转型企业店，而且淘宝平台对企业店推行一定的扶持政策，所以建议具备企业资质或想要建设自主品牌的网商开通企业店。

3. 天猫

从 2015 年 3 月 9 日起，天猫平台实行邀请入驻制度，只有列入天猫品牌库的品牌方或者有较强线下销售实力、能通过申请进入天猫品牌库的品牌方才可开店。开通天猫店需保证金 50000 元，开通不同类目网店的年费、技术服务费有所不同，但销售额满足条件后均可进行返还，产生销售额需扣取佣金，类目不同的网店需扣取的佣金点数不同。开通天猫平台的门槛较高，适合有较长时间品牌运作经历、较强线下实体销售能力的品牌入驻。

4. 京东

在京东上开店需要具有企业资质和品牌资质，审核较严格。保证金、平台使用费和销售佣金扣点按不同类目收取不同的费用（见表 4-1），平台使用费无达成最低销售额返还政策。京东平台适合有一定资金和品牌实力、想长久做好品牌的企业入驻。

表 4-1　部分京东卖家入驻资费标准

一级类目	二级类目	平台使用费（元）	保证金（元）
服装鞋帽		6000	10000
个护化妆		6000	30000
珠宝首饰	纯金K金饰品	6000	50000
	金银投资		
	银饰		
	钻石饰品		
	翡翠玉石		
	婚庆		
	水晶玛瑙		30000
	宝石珍珠		
	时尚饰品		
礼品	火机烟具	6000	30000
	礼品文具		
	瑞士军刀		
	收藏品		50000
	工艺摆件		30000
	创意礼品		
	礼卡礼券		
	鲜花速递		
	婚庆用品		
家居家装	家居	6000	10000
	成人用品	6000	50000
	宠物	6000	10000
	家纺	6000	3000
	家具		
	灯具、卫浴、五金		
	定制类建材	6000	30000
食品饮料、保健品		6000	100000
大家电		6000	50000
手机		6000	100000

在电商渠道进行农特产类食品的销售，除了开店时需要的企业和品牌资质之外，还需要生产许可证和食品流通证（见图 4-1）。

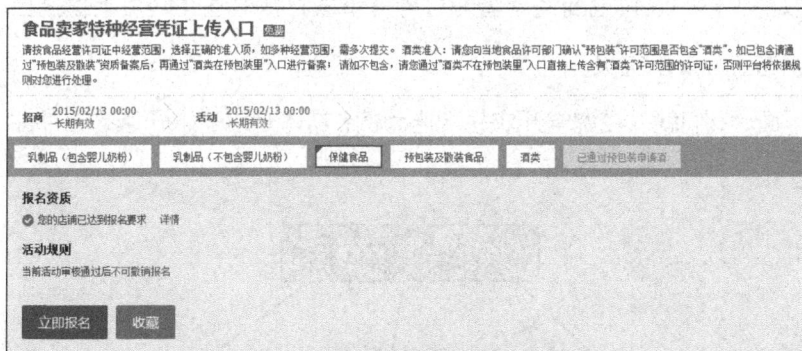

图 4-1　资质要求

可以看出，上述四个电商平台的特点明显不同。在门槛方面，阿里巴巴和淘宝最低，天猫较高，京东最高；在功能方面，淘宝适合零售，阿里巴巴适合批发，天猫适合品牌产品，京东适合实力品牌产品。因此，农村电商在选择运营平台时要根据不同平台的特点，结合自身实际需求，本着先易后难的规律量力而行。

4.2　开店三部曲

作为初入电商行业的普通农村大众，在正式开店运营之前还需要做好开店的前期准备，除了选择好要售卖的农产品之外，还需注册成为淘宝会员用户。淘宝平台为会员用户提供了免费开店的机会，包括拥有属于自己的店铺和独立网址。注册会员只是开设淘宝网店的第一步,为了保证交易的安全性,店主还需要进行相应的身份和支付方式认证,并发布 10 个以上的宝贝信息。完成以上工作的农村电商经营者即可等待审核,并准备在网页上根据自己的风格来布置与展示宝贝。

下面,我们就以在淘宝开农村网店为例,具体介绍一下开店的三部曲(见图 4-2)。

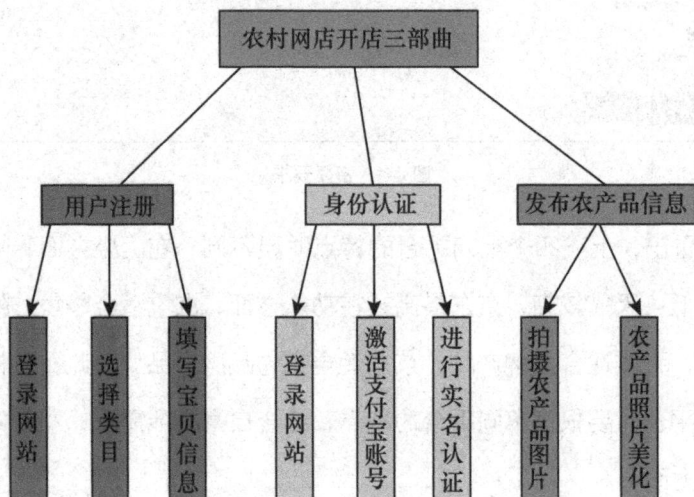

图 4-2　农村网店开店步骤

1. 进行用户注册

登录 www.taobao.com 这个网址后,点击该页面最上方的"免费注册"(见图 4-3)。按照新弹出页面上的要求输入相关个人信息,鼠标点击相应的按钮。注册时填写的邮箱会收到一封确认信息邮件,打开其中的链接,鼠标点击确认之后就完成了用户注册(见图 4-4)。

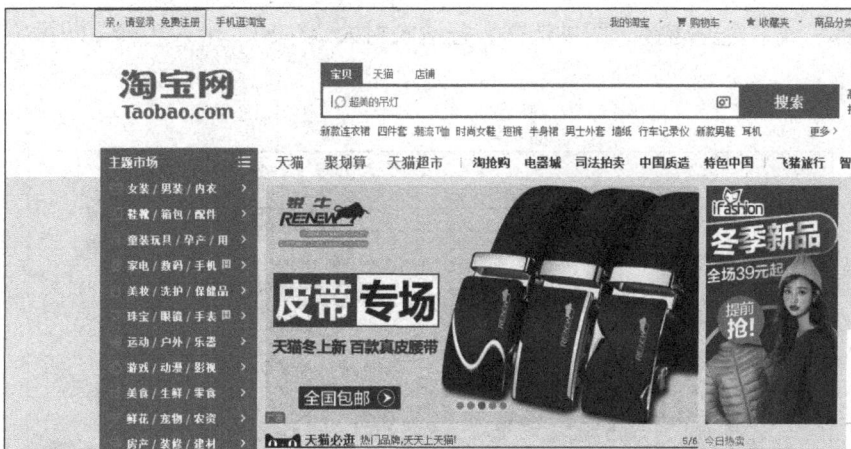

图 4-3 淘宝网"免费注册"页面

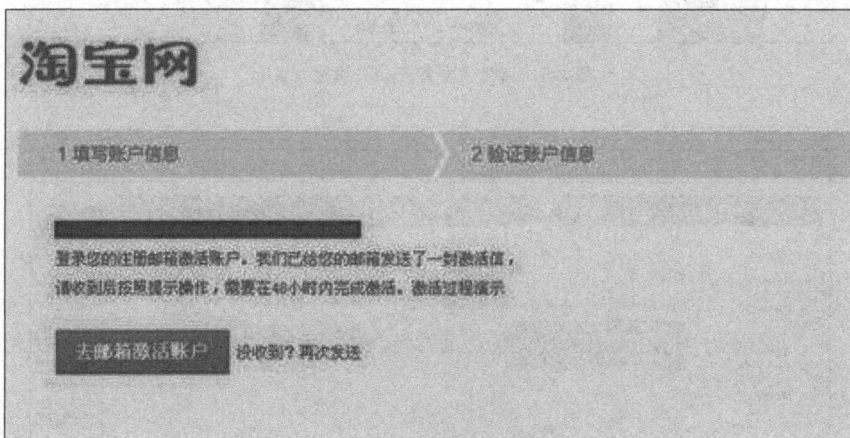

图 4-4 完成注册的页面

注意，为了保证交易的安全性，账号密码不要设置得太过简单，建议使用"英文字母＋数字＋符号"的组合密码。其具体操作如下。

（1）登录淘宝网，在页面上方点击"开店"（见图4-5）。在打开的页面中点击右上角的"卖家中心"，点击"免费开店"。在打开的页面中有"个人店铺"或"企业店铺"两种选择，普通农村大众选择"个人店铺"即可（见图 4-6）。

图 4-5 淘宝"免费开店"页面（a）

图 4-6 淘宝"免费开店"页面（b）

（2）根据自己的产品选择合适的类目（见图4-7）。在这里，我们选择了蜂蜜的宝贝详情，单击"我已阅读以下规则，现在发布宝贝"按钮继续下一步。

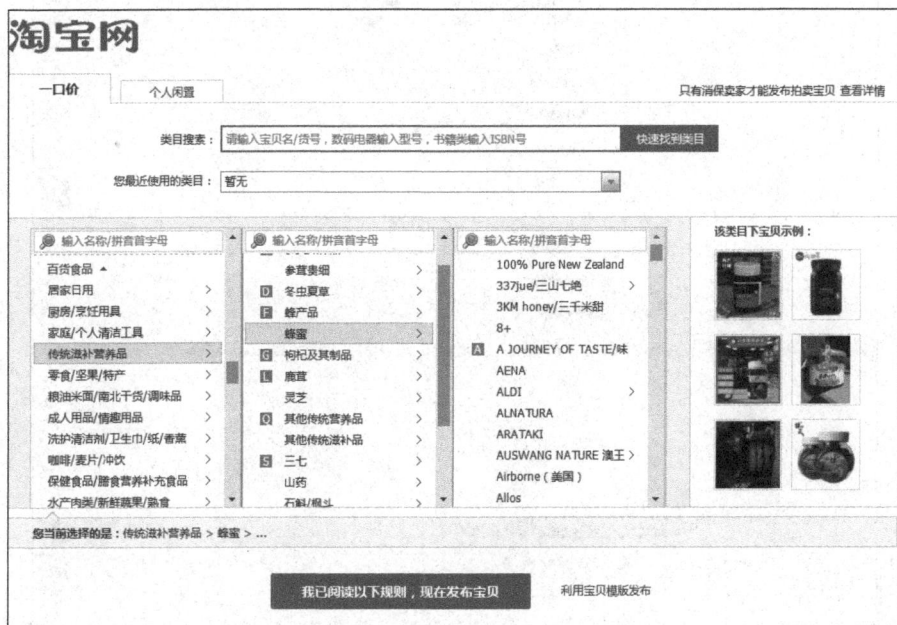

图4-7 选择类目界面

（3）填写宝贝信息，这一步非常重要。首先选择"全新宝贝"，页面属性按照农产品信息的实际情况填写。对于食品安全的内容，一般的食品类宝贝必须填写 QS 编号，以及带星号信息框中的内容。如果是散装的农产品食品，可以不填写。但是，在宝贝照片的描述中要添加一些基本信息，发货时也应该附上这些基本信息（见图4-8）。

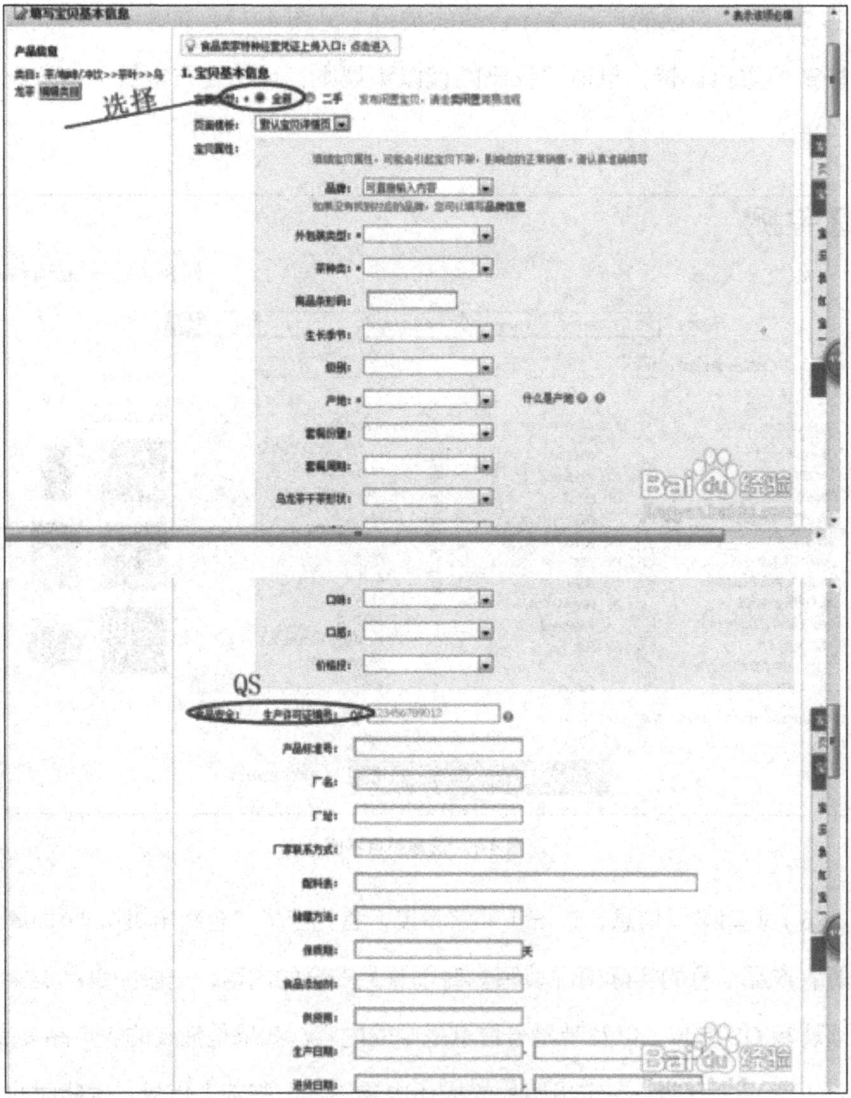

图 4-8　宝贝信息填写界面

2. 进行身份认证

只有通过实名认证之后，卖家才能在淘宝上出售农产品。所以，卖家在完成用户注册后还要进行相应的认证，其中包括个人实名认证和支付宝认证两个过程，具体的操作步骤如下。

（1）从淘宝网首页进入登录页面，填写自己的账号信息后点击"登录"（见图4-9）。

（2）完成第一步后在打开页面左上角的头像右侧点击"账号管理"（见图4-10）。

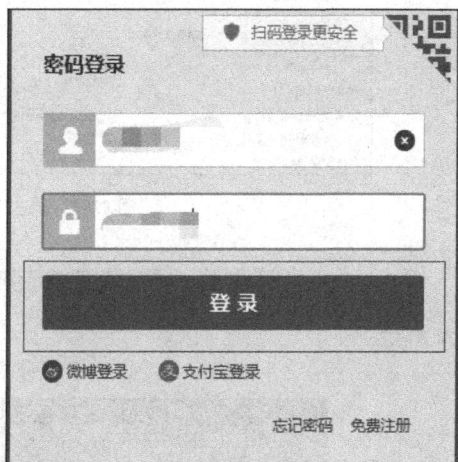

图4-9 登录页面

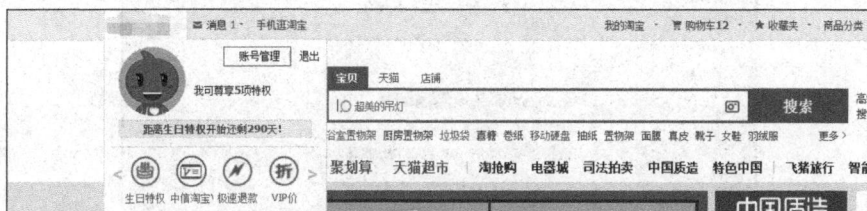

图4-10 点击"账号管理"

（3）进入账号管理页面，新账号是没有进行过实名认证的，在身份证一行是未认证状态，点击"认证"（见图4-11）。

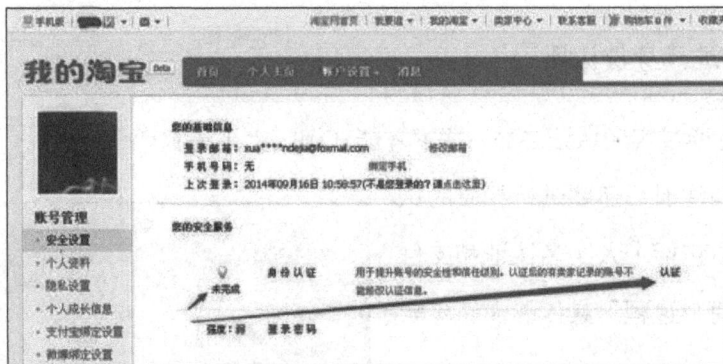

图 4-11　点击"认证"按钮

（4）进入认证页面，可以选择或者取消余额宝服务，点击"立即认证"（见图 4-12）。

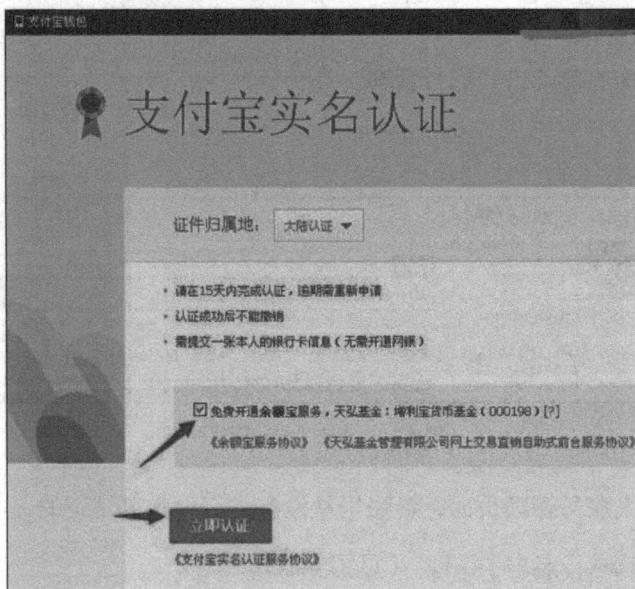

图 4-12　点击"立即认证"按钮

（5）填写个人信息，包括真实姓名、身份证号和支付宝密码，然后点击"下一步"（见图4-13）。

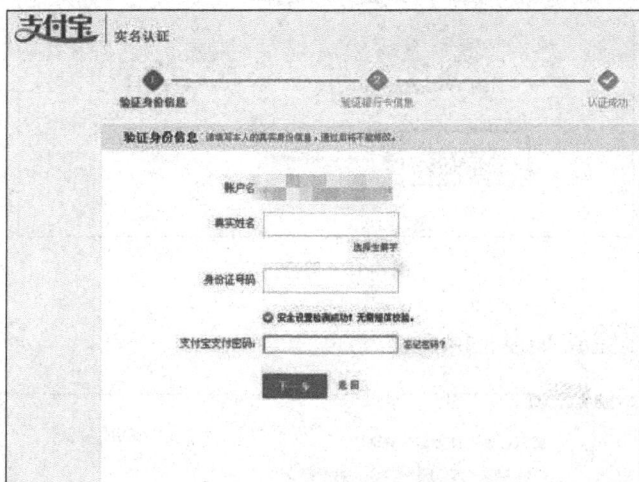

图4-13　点击"下一步"按钮

（6）填写银行卡信息（见图4-14）。

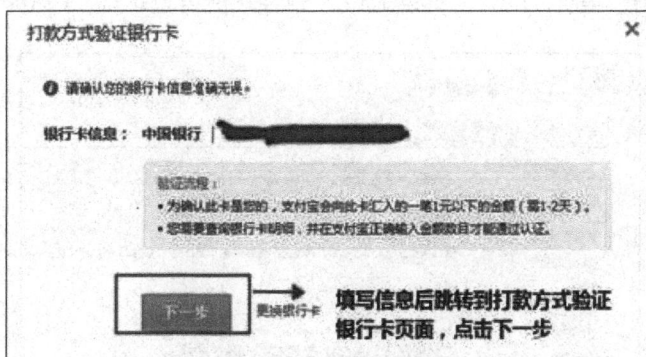

图4-14　填写银行卡信息

（7）等待支付宝打款到银行卡（见图4-15）。

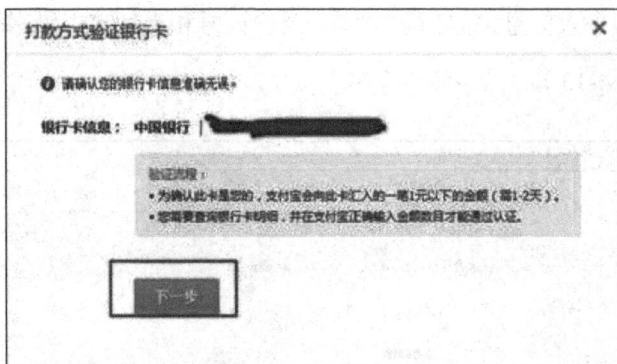

图 4-15 等待打款

（8）认证完成（见图 4-16）。

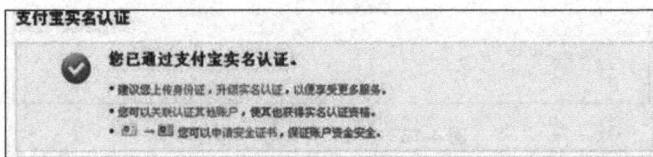

图 4-16 认证完成

（9）点击"查看详情"，继续完成"淘宝身份信息认证"（见图 4-17）。

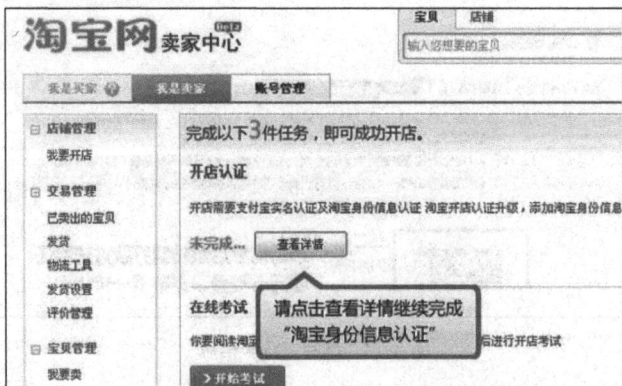

图 4-17 继续完成"淘宝身份信息认证"

（10）提交示例身份证照片（见图 4-18）。

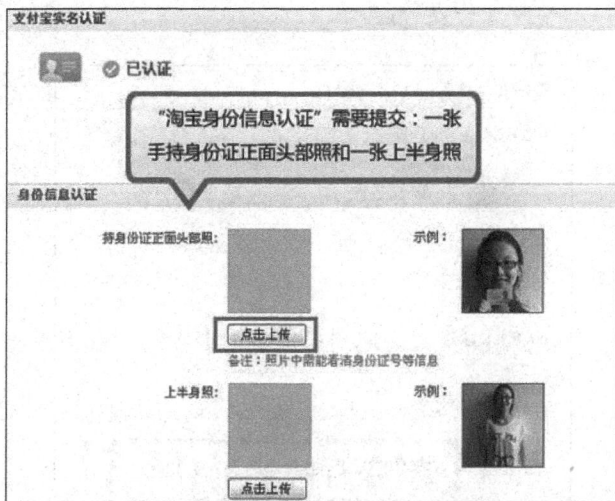

图 4-18　上传示例身份证照片

（11）上传身份证照片（见图 4-19）。

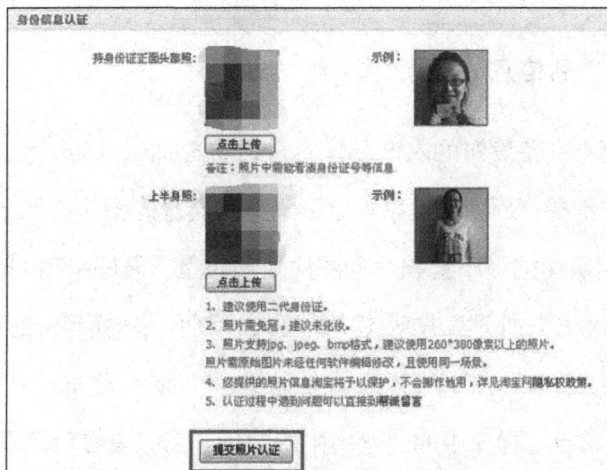

图 4-19　上传身份证照片

（12）提交成功后，淘宝会在 1 个工作日内完成审核，审核通过后页面会显示"已认证"（见图 4-20）。

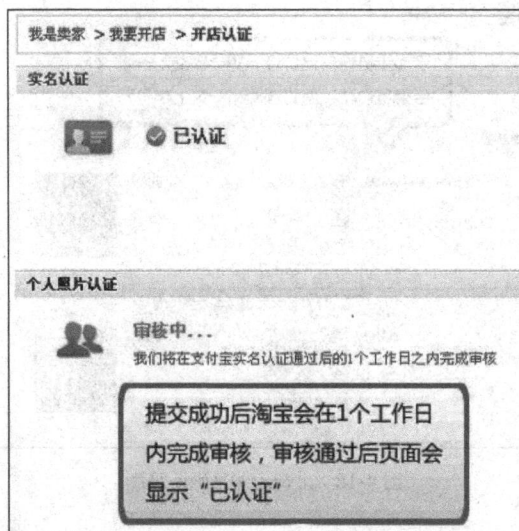

图 4-20　提交审核

3. 发布产品信息

接下来要对准备发布的农产品信息进行整理加工。为了使农产品清晰、美观地展现在消费者面前，卖家一定要选择高质量的图片进行上传。图片的质量包括前期照片拍摄质量和后期图片处理质量，最好采用 Photoshop、光影魔术手等专业图片处理工具对图片的格式、大小、转换等进行处理。

当新产品发布成功时，页面上会弹出一个显示发布成功的弹窗（见图 4-21）。卖家点击弹窗中的"仓库中的宝贝"可以查看自己发布的农产品宝贝页面，点击"继续发布宝贝"可以继续发布农产品宝贝。倘若需要修改、更新或者完善已经发布的农产品宝贝信息（前提是在消费者没有购买时），卖家可以按照"我的淘宝——我是卖家——出售中的宝贝"这几个索引进行编辑和修改。

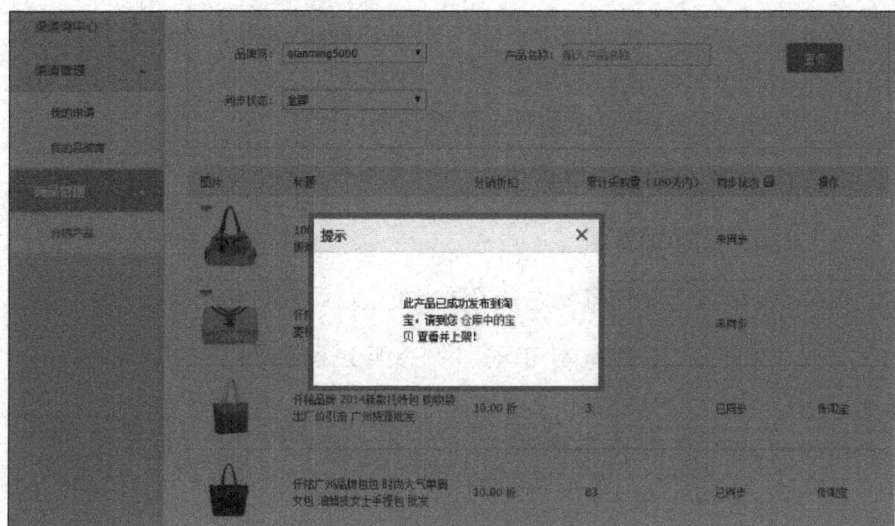

图 4-21　成功上传宝贝

最后还要提醒一点，卖家最好定期对店铺宝贝进行更新、添加，以避免店铺被淘宝系统删除。

4.3　网店装修

网店装修一直是个非常热门的话题，无论对城市中的网店店主，还是农村网店店主来说，恰当而独特的装修风格都是非常重要的成功因素。如果产品分类混乱或信息标注不清晰，消费者很可能会因为体验的感觉太差而离开。这也是众多网店店主最不愿意看到的结果。相反，如果店铺装修漂亮、美观，设计合理，就一定会给消费者留下深刻的印象，从而激发他们的购买欲望。

精心设计装修过的农村网店主要有三点功能：

（1）帮助消费者对个人品牌进行有效识别；

（2）方便消费者寻找所需产品；

（3）提高店铺的销量。

农村网店装修不能随意为之，需要店主进行深入研究和精心设计。店主必须掌握有关网店装修的基本知识，并在装修过程中严格遵守网店装修的七大原则。

1. 目标人群定位准确

在装修农村网店之前，店主首先要对农村网店有一个精准的定位。如果定位不恰当、不准确、不清晰，就会使农村网店的主题与品牌内涵产生冲突。而精准的定位不仅能够快速地塑造网店品牌，还能使自己的店铺在目标消费者心中占据"第一"的位置，形成"第一"品牌的印象。

进行定位时，店主首先要明确农产品的价位高低。其次，店主要根据农产品的特点明确目标人群的定位，确定买家是城市消费者还是农村消费者，是年轻人还是中老年人等。最后，店主还要根据农产品和目标人群的特点定位装修风格。店主在装修店铺的过程中要考虑以上因素，这样装修出来的店铺风格才能与品牌形象保持一致（见图4-22）。

图 4-22　百颐年旗舰店装修风格明显

2. 店铺整体风格一致

网店装修过程中，很多店铺通常主题是一种风格，模块又是另一种风格，甚至农产品宝贝页面风格多次出现变化。而页面风格的反复变化会导致店铺整体协调度降低，不但不利于塑造店铺品牌，还会暴露农村网店装修不够专业的问题。店主要重视店铺的整体设计和页面设计，根据品牌和产品调性尽可能地使网店中所有页面的风格保持一致，以免因风格不统一影响店铺装修的美观，引起消费者视觉上的不舒适感（见图 4-23、图 4-24）。

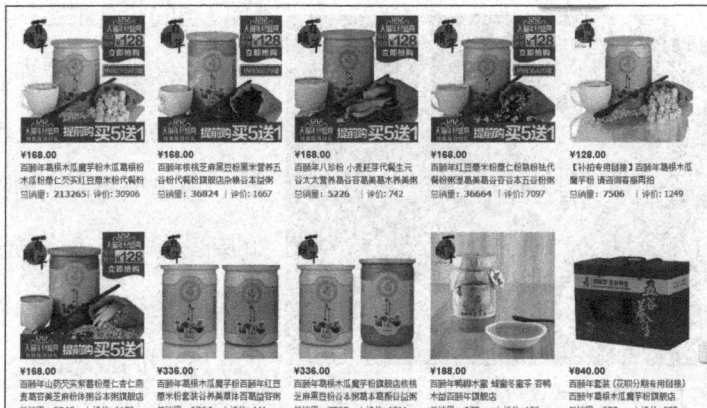

图 4-23　百颐年产品列表图

图 4-24　百颐年详情页首图

3. 根据活动或促销目的设计主题

农村网店装修要尽量简单、专业。简单体现在颜色不能太多、文字要简洁明了等方面；而专业主要体现在颜色搭配要合理、文字描述要突出产品卖点，并且要与整体农产品风格保持一致等方面。做好网店运营，应季营销活动必不可少，但过于频繁、单一的营销活动容易让消费者产生疲劳。因此，多变而恰当的活动主题就显得尤为重要。网店店主要学会发散思维，多动脑，经常更新营销主题，以最大程度地增强消费者的新鲜感。正确、科学的营销活动不但有助于电商经营者吸引新客户的眼球，也是留住老客户的有效途径（见图 4-25）。

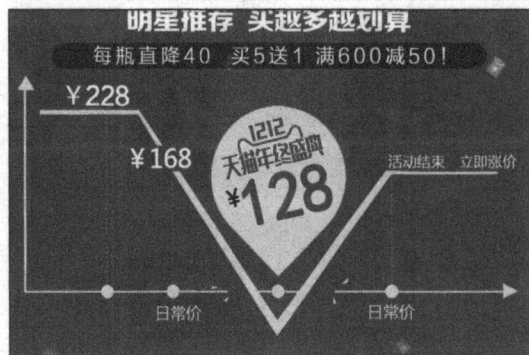

图 4-25　百颐年官方旗舰店"双 12"活动促销图片

4. 农产品分类和模块划分清晰

作为农村网店店主，一定要明白装修的目的是
给消费者提供良好的购物环境和购物体验，以此获
得更多的客户资源。如果店铺内的产品分类和模块
划分混乱，消费者寻找东西时就比较费时费力，继
而产生反感。消费者一旦失去耐心就会选择离开，
农村网店也就会因此流失大量潜在客户。为了避免
这种现象，在装修农村网店时，各位店主一定要注意
农产品分类，例如辣椒可以分为尖椒、圆椒等。同时，
农村网店店主也要注意模块划分，例如限时折扣、店
长推荐等（见图 4-26 ）。

5. 色彩适宜

色彩选择是店铺装修的重中之重，它虽不能像
文字那样直接向他人传递信息，但可以间接地向他

图 4-26　百花旗舰店
农产品分类和模块部分截图

人传递情绪。开设农村网店的大部分卖家在装修店铺时都喜欢使用深色系来
提高品牌的档次，例如卖高档农产品的网店经常使用黑色系或枣红色系。但
是，即使再高档的品牌，全部使用深色系也会使消费者感到压抑。同样的风格，
为什么会有这么大的区别？这是因为网店依托于手机或平板电脑等移动终端，
屏幕较小，浏览面积和视觉冲击力都会受到一定的限制。因此，店铺在装修
时如果色彩不够鲜亮，或者过多使用沉重的深色系，不但会引起消费者视觉

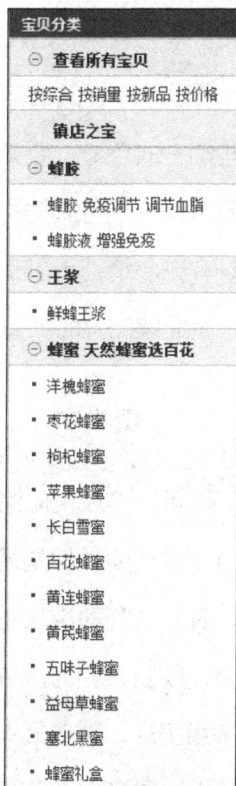

上的不适，也会让消费者感到压抑，从而引起心理上的厌烦，继而导致客户流失。毫无疑问，这样装修的农村网店店铺是失败的。

所以，农村网店店主在装修店铺的过程中，要尽量避开色彩雷区，选择一些鲜亮的色彩。要知道，在时间碎片化的时代，轻松自在已成为大多数人的渴求，一个色彩鲜亮的农村网店店铺总会让人眼前一亮、心情愉快。消费者只有在心情处于舒适愉快的状态时，他们才会对店铺里的产品感兴趣，才会产生继续浏览的欲望。

6. 多图少字

时间的碎片化使消费者不可能花太多时间停留在某一个店铺中，农村网店店主首先要做的是最大限度地吸引他们的注意。从人们惯常的阅读模式来看，首先看到的应该是图片，然后才会接着看页面上的文字，因为图片比文字更能吸引人们的注意。为了让消费者快速读取店铺的产品信息，店主一定要多用图片，创造最大的视觉冲击以吸引他们的注意，同时也要注意控制文字的大小和多少（见图 4-27）。

图 4-27　多图少字的装修风格

7. 风格明确，主题多样

为了吸引更多的潜在客户，很多店主都会在节假日开展促销活动。而要想提升促销活动的效果，店主就需要在装修上下功夫，以保证装修主题契合促销主题和节日主题。当然，不同的节日需采用不同的装修风格。开展促销活动时，农村网店店主一定要根据具体的节日情况明确装修主题。例如，中秋节时以丰收与喜悦作为店铺装修主题，才能最大程度地吸引消费者的注意。

虽然农村网店装修的风格要明确，但主题却不能一成不变（见图 4-28、图 4-29）。随着节日的不同而变换主题的农村网店更能吸引消费者的注意，消费者很可能会关注该店铺是否有新活动或看看是否有新品上架。

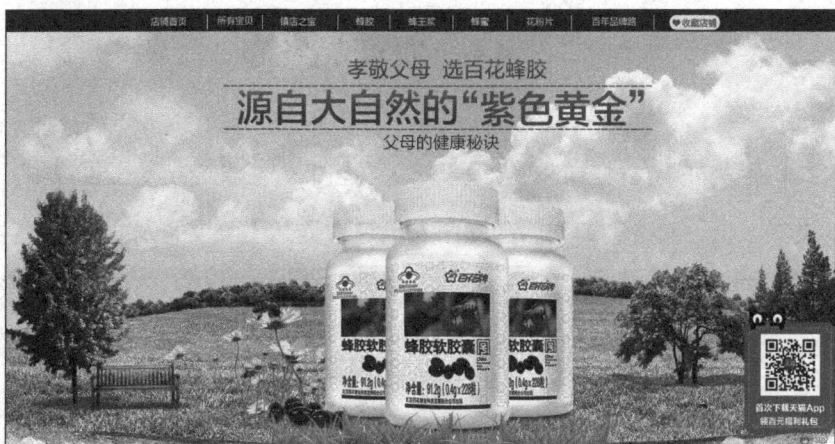

图 4-28　风格明确

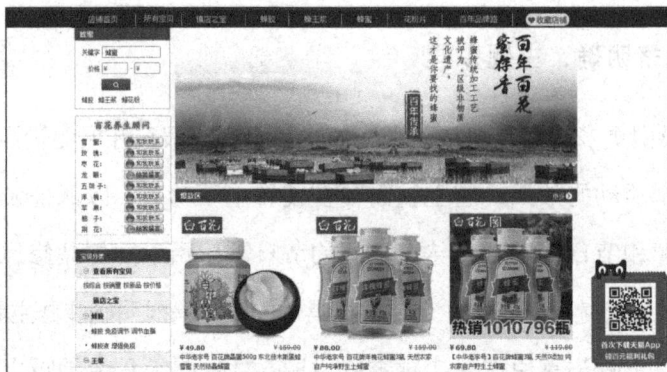

图 4-29　主题多变

总之，在进行农村网店装修时，店主要尽可能地遵循以上七个原则，全面考虑。这样装修出来的店铺才能让消费者从视觉上和心理上感受到店主的用心，进而最大程度地获得消费者的好感。

4.4　农产品发布

农产品发布是农村电商网店运营的重要环节。在农产品发布过程中，专业的文案人员、网络美工和后台操作人员等都是必不可少的人力资源。各部门人员各司其职，密切配合，并根据以下农产品发布最核心的三方面要求开展工作，才能有效地保证店铺的良好运转。

1.　页面策划

页面策划工作十分重要，需要由运营部、设计部、商品部组成头脑风暴小组，对每一款农产品进行深入探讨。有些需要品尝的产品还需要进行烹饪、冲泡、调配或者简单加工。例如茶叶，只有通过品鉴才能对某一种茶的干茶外形、汤色、香气、味道和叶底用文字作出准确描述，进而用图文加以准确表达（见图4-30）。每一款农产品的策划过程都是一次产品剖析的过程，也是一次孕育、破茧化蝶的过程。优秀的页面策划需要列出农产品的每一个卖点、亮点、优点、功效、生产过程、种植工艺、加工步骤，然后提炼出消费者最关心的方面，再用最能打动消费者、最能引起消费者购买欲望的图文进行诠释。

图4-30　页面策划清晰

提炼"消费者关心点"的过程也就是对农产品进行定位的过程。在此过程中，要注意规避农产品的同质化问题，根据差别化原则挖掘农产品的独特销售主题，进而赋予农产品独特的最终卖点。

用图文对卖点进行诠释涉及农产品的广告定位，即广告诉求点、诉求对象和诉求方式的定位。其中，诉求点的定位必须与农产品卖点的定位相吻合；诉求对象应针对农产品的真正购买者身份来定位；诉求方式定位应依据目标消费者不同的性别、年龄、文化程度等特点，相应地采用理性诉求或感性诉求等不同诉求方式。

2. 图文设计

设计部根据头脑风暴小组探讨出来的产品详情页策划方案进行页面设计，对图片素材进行有效的排版，结合品牌调性和产品特性，用更具有美感和冲击力的图文表达出来，做出能够带来转化和销售的农产品详情页。而要想对某种农产品的详情准确地进行图文表达，店主就必须关注其生长、采摘、加工乃至作为食材时的不同形态（见图4-31）。

图 4-31　图文设计具有美感

网店页面的图文设计（视频除外）属于平面广告设计，所以一定要具有创意性与艺术性。但需要注意的是，广告就是广告，不是纯粹的艺术品，其终极目的是带来转化和销售。

品牌调性和产品特性主要表现在字体选择和色彩运用两个方面。在字体方面，外观阴柔的农产品用柔美的字体，外观阳刚的农产品用硬朗的字体；在色彩方面，品牌色彩要使用企业 VI 系统规定的标准色，农产品图片色彩基调要符合产品的象征色。

3. 平台发布

平台发布是将农产品详情页和农产品的具体内容填写到电商店铺后台的过程。在此过程中，尤其要注意农产品具体内容的真实性。例如，所有农产品都要准确标明是否为转基因产品（见图 4-32）。此外，平台要求的信息填写越完整越好，越具体越好，因为具体、完整的标题会增加搜索权重。

完成以上工作后点击发布，店铺中即可找到新上架的农产品。新的农产品上架后，店主应认真检查信息是否有遗漏、错误，或是否需要进一步美化。

图 4-32　农作物标注清楚"非转基因"

农产品的发布工作应根据多数农产品需应季上市、时限性强的特点，进行页面策划、图文设计和平台发布三方面工作。农村电商经营者要学会统筹安排、分步实施、环节间联动，形成三位一体，以提高工作效率，保证农产品及时上市。

4.5　网店推广

农村电商的流量是基于网店推广的力度，只有将站内优化与线上宣传双重结合、交相呼应，才能为农村电商带来极高的人气，进而提升店铺销量、信誉与级别。

1. 重质保量，及时更帖

发帖、回帖是所有卖家提高店铺浏览量最常用的手段，但如果掌握不好发帖与回帖技巧，推广效果也必定差强人意。相信很多农村电商卖家都曾为发帖推广却看不到效果而苦恼过。

我们经常看到有些人通过一篇帖子就能带来数百甚至上千的浏览量与销量，而自己发的帖子虽然浏览量不少，销量却还是寥寥无几。因此，在推广时绝对不能只看发帖、回帖的数量，更要注重帖子的内在品质，做到有的放矢、重质保量。

另外，发帖和顶帖也需要及时，并重视时间配置。发帖要做到"细水长流"，不能密集大量发帖，也不能置之不理。如果你的帖子没有循环往复、持之以恒地出现在消费者的视野中，那么你的产品就根本无法在"健忘"的消费者脑海中留下印象。所以，发帖后要在每三到四个小时内更新回帖，如此循环往复，才能让帖子受到更多人的关注。

2. 投石问路，虚心求学

很多人不明白，为何皇冠店铺产品一直位于搜索页面的前几页，并且始终占据最显眼、最容易被人注意到的板块，而自己的产品却龟缩在角落，冷冷清清，默默无闻。对于这种情况，我们完全没必要羡慕嫉妒。因为产品的排名是通过综合考量得出的，与店铺的信誉、流量，产品的流量、成交量，产品、店铺的收藏人气，甚至是产品名称的关键词以及产品上下架的时间安排等因素都有关系。很多农村电商卖家都会因新店开业，初来乍到而遭遇生意少、信誉低、流量小、成交量缺乏等问题。那么，初出茅庐的农村电商卖家应当如何改变这种不利局面呢？难道新生网店只能坐以待毙吗？答案当然是否定的。在开通网店之初，卖家可以寻找一些新店店主，相互收藏产品与店铺，互惠互利，共同提高店铺的人气。

3. 目光长远，关联营销

实践证明，农村电商的网店运营必须以服务为核心。要想做好农村电商，就必须从服务入手，利用良好的服务吸引消费者，聚集网店人气。明确消费者需求是做好服务工作的前提，农村电商的网店运营要做到心中有数，即知晓消费者诉求、明确网店运营要素、掌握网店运营技巧等。

4. 小财不出，大财不入

所谓"小财不出，大财不入"，是指农村电商要想做好网店运营，就不可过分吝惜资金的投入。所有消费者都喜爱物美价廉的产品，所以农村电商卖家可以采取薄利多销的策略，通过消费者的口口相传博得旺盛人气，赢得消费者的青睐。例如，在国庆、中秋等节假日推出特价产品，或者在平时开展促销活动等。

除此之外，淘宝直通车也是商家聚集人气的有效手段之一。开通淘宝直通车的店铺产品可以展示在淘宝首页最明显的位置，获得消费者更多的注意。虽然淘宝直通车是一辆"烧钱"列车——500元只能购买几天的板块使用权，让许多中小卖家望尘莫及，但大多数开通直通车的卖家生意的确较为火爆。因此，建议农村电商卖家在力所能及的前提下，不妨尝试一下直通车竞价手段。

5. 高效率转换推广

许多农村电商卖家想要在店铺推广环节走捷径，既不想投入时间和精力，又想取得理想的推广效果。但在大多数情况下，付出与回报均呈正比，农村电商卖家如不想花费时间和精力，又想轻松地完成推广活动，那就需要在金钱方面有所付出。

网店推广业务可实行服务外包，即出资聘请专业推广人员来完成。例如，邓伯伯柚子曾与万企共赢合作，进行品牌推广，实现合作双方的利益共赢。每个人都有自己擅长的领域，每家企业都有不可逃避的短板，将特定的事情交给专业的团队完成，可以最大程度地提高工作效率，提高合作双方的利润。

总之，无论是哪种推广方式，都需要经营者用心去做。因为网店推广工作需要一定的技术知识，所以经营者要不断学习新的电商知识，找到事半功倍的方法并持之以恒地做下去。尤其是在得与失的取舍之间，经营者一定要懂得欲取先予的道理。

4.6　网店运营

要做好农村电商的网店运营，必须先做好运营计划。运营计划有年度、季度和月度之分，是针对各个部门、各个环节、各个类目、各个产品以及各个节假日做出相应活动策划、销售目标和产品规划的行为。而要想成为一名优秀的运营人员，则必须做到精耕细作。网店运营工作可从以下五个维度开展。

1.　设定目标

（1）货品目标

运营人员需要根据企业的实际情况制定引流款、利润款、形象款、定制款等产品的数量占比，并尽可能地从竞争团队手中获得最新的消息——货品的风格及受众人群的定位。如今，很多线下转线上的商家虽然脚步跟上了时代潮流，但头脑却还停留在原始时代，只懂得一味地闭门造车，而无法用新思维进行网店运营。因此，网店运营不但要"走出去"，还要学会把各种思想"拿回来"。

（2）销售目标

农村电商的销售目标需要细分转化，只有更多的深层次转化，才能最大程度地实现电商销售目标。而更多的转化依托于更多、更精准的流量，只有更多的流量才能帮助经营者更准确地锁定目标。更多、更精准的流量又来自站内及站外的一些引流工具和推广方案。所以，农村电商的经营活动必须制定销售目标，而且一切活动都必须以最终目标为出发点。

（3）客户目标

运营人员要根据客服人员提供的客户基本构成和购买金额占比等数据制定出有针对性的会员营销策略，以切实巩固老客户，不断发展新客户。

2. 目标分析

（1）货品分析

货品分析是对某种产品或货品进行全面剖析的过程，包括对产品样式、材质的分析以及产品作用的解释等多个环节。农产品的货品分析是农产品电商运营的重要环节，只有明确产品特性才能选择出适合该产品的电商运营路线。

（2）销售分析

销售分析是继货品分析之后的又一项关键运营工作。在搜索引擎中输入产品关键词并搜索，可以帮助农村电商经营者通过各行业类目的流量转化率测算出自身农产品的预计成交额。销售分析过程虽较为繁琐，却具有重要的实际意义。经营者可以根据销售分析的结果反复调整销售策略，进而实现最优化的运营工作。

3. 推广计划

在完成目标设定与分析之后，推广计划就基本能够顺利进行。推广过程就是打造爆款群的过程，不仅是站内的流量，站外的很多资源也可以整合进来。

推广活动与营销行为息息相关。运营人员要牢记"尖刀运营法则"，集中部分力量进行爆款产品的打造，即宁愿用一寸的宽度打一公里的深度，也不要在一公里的宽度内只打了一寸深。农村电商网店运营的最大卖点由图片与关键词组成，与网店运营同步的推广必须抱好网店运营这棵大树。

4. 执行计划

一个完整的运营方案由策划案与执行案共同构成，缺一不可。保证执行计划的快速准确部署，需要电商经营者做好以下工作。

（1）各岗位工作细则

做对的事情，比把事情做对更重要。明确各岗位的工作细则，分工合作、密切配合，是确立执行计划的前提。

（2）各岗位 KPI 绩效考核点

各岗位人员的 KPI 考核需由运营人员制定。运转 + 经营 = 赚钱。运转机制的考核点包括会议机制、公众承诺机制和 PK 机制，经营机制的考核点包括晋升机制和薪酬机制，而运营岗位的 KPI 考核指标则是每周达成率。

5. 实时优化

实时优化工作的主要内容是将以上四个维度优化到最高效、最系统的程度，即运营模式建立后基于以上四个维度的要求对当日问题进行总结和归类，并制定解决这些问题的日程表。运营人员可以借助思维导图管理软件来辅助优化工作，在优化过程中要紧紧地围绕年度目标，为目标而优化，而不是为优化而优化。

　　以上五个维度是运营工作的核心内容，是密不可分的有机整体。运营人员要全面落实五个维度的工作，不可偏废。作为电商经营的重中之重，运营工作不但需要运营人员以高度的理性、严谨的逻辑思维宏观把握农村电商网店运营的全局，全面整合各项运营要素，更要求运营人员以精准的目标、可行的计划、有效的行动和准确的优化，确保农村电商网店健康运营。

第5章

农特微商渠道运营策略

2016年是农特微商井喷式爆发的一年。和众多销售模式相比，微商这种分享式销售显然更适合农特产品。无论哪一位顾客，当他知道了自己食用的产品是如何种出来的、在什么环境下生长出来的、如何采摘的、用什么材质包装的，就会如同自己亲自种出来的一样，自然产生一种信任感，愿意购买。这种效果是其他销售渠道无法做到，也无法比拟的。

5.1 农特微商运营的四种模式

顾名思义，农特微商就是农特产品微商。在微商越来越流行的今天，农特产品如能搭上这辆新时代快车，则必能快速前行。目前，农特微商的运营模式共有以下四种。

1. 土地认领

土地认领模式可以将土地的价值翻番，以前价值 1 千元的土地可以通过土地认领模式让价值翻 10 倍，变为 1 万元。那么，土地认领模式的本质与原理是什么呢？

土地认领采取主人制模式。这种模式的具体操作方法为：农场主将土地放到网上进行征集，认领土地者便成为土地的主人，这块土地的所有产出均归主人所有。采用这种模式经营的产品大多为有机绿色农产品，如土豆、香菇等。主人认领土地后，可以自己进行打理，也可以交给农场主统一打理；

或者采取二者结合的方式，平时交给农场主打理，自己在周末时则带着家人、朋友到认领的土地上进行种植、施肥等活动，体验田园生活，感受与城市大不相同的乐趣。

　　瑟尔基河山泉农场就是通过土地认领模式大力发展经济的。瑟尔基河山泉农场位于张家口市尚义县，属于坝下地区，碧水蓝天，土地肥沃。农场里果蔬不上化肥，用山泉水浇灌，做到了真正的天然无公害。此外，农场周边的风景十分优美，认领人在农作劳动之余还可以自行观光。商家通过微信朋友圈、公众号等方式进行宣传，吸引了大量的城市人群前来认领土地（见图 5-1）。

图 5-1　农场认领人在垂钓

　　土地认领模式具有强大的客户吸引力，因为主人除了可以亲自体验田园生活之外，还可以实时了解到土地的情况，并实时监控自己种植的果蔬，以确保自己食用的产品未受到任何污染。如今，食品安全问题已成为消费者最关心的问题之一。土地认领模式通过抓住消费者的需求点，最大程度地获得了消费者的青睐，成为广大农特微商经营者致富创收的新途径。

2. 预售

农场主最担心的不是农产品种植和生产的问题，而是遭遇供大于求的市场环境，造成农产品滞销，只能低价甩卖，因此造成亏本的局面。但农特微商经营者如能采用预售模式，就可以在种植之前准确了解市场需求，从而最大程度地降低风险。微信是了解市场需求的有效工具，农场主可以通过朋友圈、微信公众号和社群进行预售，做到先收钱再种植，从而最大程度地规避风险，获取利益。

那么，预售的好处有哪些呢？

（1）市场反馈

通过预售，农场主可以掌握产品的市场反馈信息，进而了解消费者对产品的认可程度以及需求情况。这有助于农场主在种植和生产时作出适当的调整，更好地满足消费者的需求。

（2）用户数据

预售时，农场主会收集消费者的资料，例如姓名、电话、地址等。通过这些信息，农场主能够清楚地知道购买者是谁、现在在哪里。这些数据看似简单却十分重要，因为通过传统销售方式，经营者根本无法得知产品的最终受益人群是谁、在哪里，而预售却可以完美地解决这个问题，让经营者做到知己知彼。除此之外，通过预售模式，农场主还可以针对数据进行研究，分析得出哪种农产品卖得最好，哪个地区的人喜欢购买哪种农产品，进而更有目的地进行种植。

（3）降低风险

传统的农产品销售方式都是在产品种植或生产出来之后再推向市场，这种方式极易遇到产品不被认可、消费者不买单等情况。而且，大多数农产品都具有保质期短、季节性强的特点。如果无法在一定时间内卖出，商家就只能采取打折的方式损利出售，更严重的是直接烂在地里或者仓库里，造成极大的损失。而通过预售，商家可以先收钱，然后根据消费者的需求进行种植生产，将风险降到最低。

预售听起来简单，但实际操作起来很困难，因为大多数消费者都是十分警惕的。所以，商家在进行预售之前最好先解决以下问题。

（1）人脉

在如今的粉丝经济时代，没有粉丝，一切都是空谈。预售的前提就是有足够的粉丝、庞大的人脉。

（2）信誉

预售体现的是人与人之间的信任。如果商家没有任何信誉，就根本不会有人愿意事先付款。所以，在进行预售之前，商家一定要建立良好的信誉。

（3）品质

预售是消费者对商家的高度信任，绝对不能辜负。只有好产品才能开展预售，而且必须能够经受得住市场和消费者的考验。

3. 众筹

自 2015 年开始，众筹作为互联网金融的一种方式，热度迅速飙升，越来越被大众熟知。但是，在传统的农产品领域采用众筹模式尚属新鲜做法。农产品领域的众筹可分为多种模式。

（1）农业众筹

农业众筹是最简单的众筹模式，即先向消费者筹集资金，然后再让农民根据需求进行种植，等到农产品成熟后直接送到消费者的手中。农业众筹的过程与预售十分类似，业内人士将这种模式称为订单农业——根据销售组织生产。

农业众筹在我国落地时间很短。自2014年综合性众筹平台——众筹网创立以来，我国陆续推出了一些关于农产品众筹的项目（见图5-2）。直到2015年6月，众筹网才正式宣布进军农业领域，将农业作为平台的重点发展领域，并与沱沱工社、汇源集团、三康安食等大型企业达成了战略协议。

图 5-2 众筹网农产品众筹部分页面

到2016年，农产品众筹已经极为常见，例如众筹网与本来生活网共同推出的"尝鲜众筹"就是农产品众筹的典型代表。

"尝鲜众筹"的项目产品是延安宜川红富士,在选择产品种类时,两家网站可谓是别出心裁。首先,苹果的消费群体十分庞大,大部分人都吃苹果;其次,虽然对于北上广等消费能力很强的城市来说,红富士十分常见,完全不算特产,但是这两家网站主导的"北纬35°、海拔1000米"的延安宜川红富士却非常少见,对消费者有着足够的吸引力。

不过,由于众筹网具备独特的创意风格及属性,"尝鲜众筹"并不是众筹网的最佳选择。而且,农产品生产链极长,具有很大的不可控性,后续服务很难保证。经过几次尝试后,众筹网就在自己项目的发起规范中限制了"食品、酒类项目、农产品"的众筹权限。众筹网与"大家种"有很大的区别,众筹网注重农产品的原汁原味,不强调创意、情感属性,不讲故事,只重点凸显F2F(家庭直达农场)这一特点,用心做到城市消费者与新农人之间的直接对话。

从目前情况看,农产品众筹还需要一段时间的观念培育期,因为消费者稳定的农产品消费习惯不是说变就能变的。但是随着观念的改变,相信农产品众筹终有登上舞台的一天。

(2)农业技术众筹

在我国,农村电商经营者主要可以考虑以下农业技术的众筹。

① 粮食增产技术,与杂交水稻技术类似。不论在国内还是国外,粮食作物都占据着重要的市场位置,粮食增产技术自然也格外受到青睐。

② 引进新型农作物的种植技术。这种技术的价值在于所引进新型农作物的价值和稀缺性是全世界公认的，通过这项技术可以解决所引进农作物稀缺的问题。

③ 有机化肥农药技术。现在，有机食品备受消费者与企业的重视，围绕"有机"二字能够形成一整条产业链，任何一个不可替代的环节都是值得投资的。

④ 农业信息化、农业物联网建设虽然说起来为时尚早，但是这两方面都具有不可估量的市场前景。

（3）农场众筹

农场众筹的典型案例就是阿里巴巴旗下的"耕地宝"（见图 5-3）。"耕地宝"是将消费者手中的钱聚集到一起进行投资，投资者不仅可以获得私人农场一年四季的无公害果蔬，还可以免费去当地观光。

图 5-3 "耕地宝"二维码广告

（4）公益众筹

公益众筹就是农业中的"希望工程"，主要用于西北沙治和农村建设，可以使社会资源得到更加有效的优化配置。

除了以上众筹模式，农产品领域还存在股权众筹，新农人可以根据自己的需求选择合适的众筹模式。

4. 会员制

会员制除了可以运用在百货商店、酒店、餐饮等行业之外，同样也适用于农业。在形式上，会员制与认领土地、众筹类似。但是在服务内容上，会员制与其他两种方式存在很大的区别。那么，在什么情况下使用会员制比较合适，会员制又有哪些好处呢？

与认领土地和众筹模式相比，会员制的适用范围比较小，适合农场经营者使用，其好处可以归纳为独享、专属与定制。例如，一个农庄采用会员制，每位会员的会员费为 4 万元一年；会员除了每年可以享有 4 万元的农产品之外，还可以免费到农场参观体验，而普通消费者则没有这种权利。大多数农产品会员制模式要求消费者订购一年的农产品，而商家每个月都给消费者快递农产品。例如蜂蜜，采用会员制模式，客户订购一年的蜂蜜，商家每个月给客户快递一瓶，一年 12 瓶，每个月都是不同的包装、不同的蜂蜜，这样就可以带给客户不一样的体验。

彬彬农庄采用的就是会员制模式，会员费每年达到上万元，一年纯收入就达到了几千万。彬彬农庄庄主杨学彬说，好的农产品是有限的，无法服务太多人，而会员制模式可以有效解决这个问题。彬彬农庄的销售渠道有两个，一个是微博，另一个是微信。杨学彬每天通过微博和微信分享好的农产品，感兴趣的会员可以自行下单。他的微博虽然都是广告，但互动性很强，因为他的粉丝都是精准的、认可他的、喜欢看他广告的客户。

以上四种模式各有各的好处，农特微商可以根据自家农产品的实际情况进行选择。

5.2 农特微商的营销策略

农产品的销售需要技巧，农特微商在营销过程中运用以下四种营销策略，可能会达到事半功倍的效果。

1. 讲故事

很多农产品在外观和本质上与同类产品不存在特别大的区别，那么商家如何才能让自家的农产品吸引到消费者的注意呢？让消费者记住你，愿意为你的产品买单，是解决这个问题的诀窍，也是最终的销售目的。微商卖产品在很大程度上卖的是情怀，卖的是情感，卖的是微商自己。如果将自己的生活与产品结合起来，向消费者讲述一个非常好听的故事，与他们产生共鸣，那么产品的销售就会变得更加容易。

例如，众所周知的"褚橙"（见图 5-4）就是通过讲述褚时健的个人创业励志故事，打造品牌进行营销的。"褚橙"利用互联网的快速传播特性向众多消费者传播故事文化，让消费者感同身受，进而对产品本身产生了浓厚的兴趣。褚橙的价格比其他橙子的价格贵很多，但是消费者依然选择购买，而且十分火爆。

图 5-4　褚时健与他的褚橙

"褚橙"这个品牌告诉我们：产品很重要，但是故事更加重要，"好的故事＋好的产品"才是营销的制胜武器。

除了讲销售者本人的故事之外，商家也可以在产品上做文章。例如，销售一款与市场上其他产品没有任何区别的蜂蜜，如果按照"土蜂蜜、十分正宗"进行宣传，可能很难引起消费者的注意。此时，商家可以在蜂蜜上做文章，针对某类特定人群进行重点营销。例如，针对中老年人，商家可以主打健康保健特性。而且，由于蜂蜜的主要消费人群是女性，商家可以在包装上更加女性化一点，让女孩子见到包装就爱不释手，从而达到销售的目的。

微商的本质是社交电商，它决定了农特微商经营者必须对产品的文化打造加以重视。如果商家能够讲述一段十分精彩、励志、感人的故事，那么我相信其产品一定会吸引消费者的注意。

2. 好玩又有趣

微信的用户以"80后""90后"居多，能够吸引他们的卖点除了他们自身的需求与产品的功能之外，最重要的就是产品的趣味性。如今，市场上的很多产品都是通过结合互联网上的趣味因素来抓住消费者的眼球。

现在大多数微商销售的农产品，不管是名字、文案，还是包装，都特别有趣，能够让平凡的产品不平凡，达到吸引消费者的眼光、加深他们对产品的印象的目的。

那么，农特微商如何才能让自己的产品变得好玩、有趣呢？我建议可以从以下几个方面着手。

（1）品牌名

品牌的名称一定要朗朗上口，容易被消费者记住，而且要与产品具有关联性。例如，蘑菇叫"蘑蘑哒"，消费者一看名称就知道是什么产品，而且很容易吸引他们的注意。

（2）包装

包装直接影响客户收到产品后对产品的第一印象，其地位的重要性不言而喻。农产品的利润一般不高，商家除了考虑制作成本之外，还要考虑美观性、实用性和独特性。传统的农产品包装不适合用在微信上销售，因为其不但不适合拍出美观的照片，也不符合年轻人的审美观。所以，农特微商经营者如想在微信上销售自己的农产品，一定要在包装上下功夫。

（3）产品方案

让消费者快速爱上你的产品，秘诀就是好的产品和好的方案。微信上的宣传主要是依靠图片和文字，产品本身不会说话，只有通过文字表达。同一款产品用不同的文字表达，销售结果肯定也会不同。产品的文案不一定都是一样的，可以文艺，可以有趣，也可以具备其他特性。

（4）产品附件

要想用心地做好一款产品，商家就要站在客户的角度思考，以细致的服务取胜，做到别人没有的，我们有；别人也有的，我们更优。

（5）营销方案

做好产品的包装、品牌和文案之后，后续的营销方案也必须紧跟其后。商家要不断地在网络和朋友圈中推出一系列有效、有利的促销方案，不断吸引消费者的注意，让产品更加深入人心。

（6）其他

商家可以不定期地在朋友圈、公众号中举行一些好玩的游戏，保持与消费者的紧密联系。好的产品能够让消费者主动为你传播，成为你的产品代言人。

3. 制造爆点

将产品推向市场后，如何将它引爆、刷爆朋友圈，就成了商家需要思考的首要问题。商家需要进一步思考如何制造爆点：要具体到是产品爆点，还是需求爆点，或者事件爆点。注意，不论什么爆点，一定要结合产品的实际情况，只有打响营销第一炮，后面的推广才能更加顺利。

4. 代理分销

除了保健品、护肤品等高利润产品可以采用分销模式之外，农产品同样也可以采用。只不过相比较来说，农产品的代理模式会略有不同。由于农产品利润微薄，代理层级会适当减少。一般情况下，农产品的代理层级最多不超过两级，每一层级的利润不同。而且，第一层级的利润最好比第二层级低，以此保证第二层级的利润，更好地带动代理的积极性。现在很多农产品都采用合伙人模式，大家同为品牌创始人，一起推广，一起宣传。

5.3 农特微商的运营模式

农特微商有三大运营模式，分别为自营、代理经营、自营＋代理（见图 5-5）。各种模式有不同的操作方式，也各有优缺点。

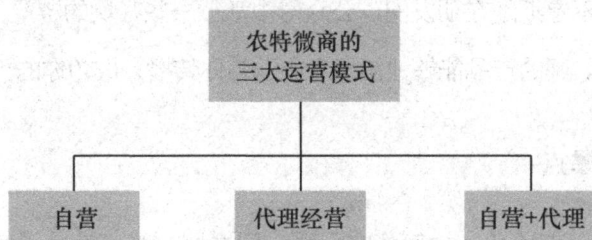

图 5-5 农特微商的三大运营模式

1. 自营

自营可以简单地被理解为自产自销，这种模式十分符合农特微商的特点。农特微商的自营模式十分简单，地就在旁边，劳动力就是自己，经营者无需为产品的生产发愁。自营模式的优点十分明显：首先，没有中间商收取差价，大大增加了农户的毛利空间；其次，自己种地自己卖，农户接受度较高。

但是，农特微商自营的缺点同样非常明显。广大农户不但对互联网和电商的认知不够，自营操作困难，而且对网店如何开、如何上货等一系列事情都不太了解。这就使微店销售大受影响，电商优势大打折扣。所以，这不是最适合农特微商的发展模式。

2. 代理经营

代理经营是指代理人（或组织）在代理权限内，以被代理经济组织的名义与第三者发生法律行为，由此产生的权利、义务直接对被代理经济组织发生效力的一种经营形式。农特微商代理经营的作用如下。

（1）化解产销矛盾，促进产销结合。

代理经营具有互惠互利的特性，这种特性有助于产销之间的货物来源渠道保持稳定，生产企业由过去分散一部分精力解决原材料采购变为集中精力生产。代理人由过去紧盯货源变为紧盯客户，由过去与厂商讨价还价变为互惠互利的关系等。这些问题的解决大大促进了产销的有机结合。

（2）解决资金拖欠，加快资金周转，降低经营成本。

实行代理经营模式后，农产品生产企业由直接面对消费者或者面对不固定的流通企业，转向以契约形式固定下来且具有长期合作关系的代理商。这样有效地解决了与流通企业交易时容易出现的资金拖欠问题，加快了资金的周转。农产品代理商从委托企业中获得佣金，有效节省了流动资金，降低了农产品经营成本。

（3）构造良好的流通秩序，有效衔接产销关系。

市场上的供求关系与价格是不断变动的。这导致在商品短缺时，农产品生产企业争相购买产品，流通的各个环节不断加价；而在商品过剩时，农产品生产企业无法持续经营，农产品堆积在仓库中，造成流通秩序混杂。采用代理经营模式，可以稳定农产品生产企业的进货和销售渠道，构建一个有序的流通体系。同时，农产品代理商可以将市场中关于农产品的信息及时告知农产品生产企业，因而有助于农产品生产企业按需生产，防止盲目生产造成产品积压，实现产销关系的有效衔接。

但是，这种模式在发生风险时会给上下游双方带来很大的损失。而且，双方可能也会因为代理产品而产生利益方面的矛盾。这种模式也不是十分适合农特微商的发展。

3. 自营 + 代理

"自营 + 代理"是最适合农特微商的发展模式。由于农特微商刚刚起步，还有很多不完善之处。无论自己经营，还是代理经营，都各有弊端，所以在发展过程中要扬长避短。

在自营模式中，农特微商的最大优势是自己生产。这极大地保证了产品的货源，自己能够清楚地了解到产品的质量，以及从生产加工到出成品等整个流程的成本问题。这样可以大大降低产品的出售价格，提高产品的竞争力。

而在代理经营模式中，农村由于经济落后、交通不便、信息闭塞、农民文化水平不高等原因，造成网商、微商在发展过程中出现诸多问题。例如，因为对市场信息的收集分析不到位，可能造成供给不平衡。今年大家都种桃子，以至于最后市场饱和、果农受损。明年又怕桃子卖不出去，大家都不种桃子。谁知市场对桃子有大量的需求，又造成果农没有赚到钱。这就是一般自营模式所存在的弊端——难以对市场形成十分清晰的认识。

但是，"自营＋代理"模式则大不相同。在这种模式下，虽然从产品单价上看，农户的利益有所减少，但是大大提高了产品的销量，进而提高了农户的最终利润。

采用二者相结合的方式，既可以保证货源的充足，又可以保证足够宽广的销售渠道。因此，在农特微商的发展过程中，自营和代理结合才是最适合的模式。这种模式可以最大限度地拉动农村的经济，提高农民的收入。

需要注意的是，不论采用哪种模式，发展农特微商都一定要谨慎小心，注意结合自身情况，灵活采取最适宜的方法。

5.4 朋友圈这么经营才赚钱

越来越发达的通信让人与人之间无需见面即可实现交流。朋友圈是虚拟的、网络化的，每个人都可以在其中发表自己的想法，畅所欲言。有人的地方就有商机，朋友圈在为我们搭建交流平台的同时，也为农特微商提供了一个赚钱的渠道。

农特微商是极有潜力的致富渠道，但为何有些人虽早已踏足此圈，却始终未见成效呢？通过分析他们的朋友圈内容，我们发现了症结所在。他们的朋友圈要么是复制他人的言论，要么是一些心灵鸡汤，没有任何原创可言，更谈不上内涵和深度，给人的感觉就像进入了一座死城，四周都是死气沉沉的，毫无生机。这种连自己都不愿看的朋友圈，又怎么能奢望别人看呢？

那么，农特微商如何经营朋友圈才能将所销售的产品卖出去呢（见图 5-6）？

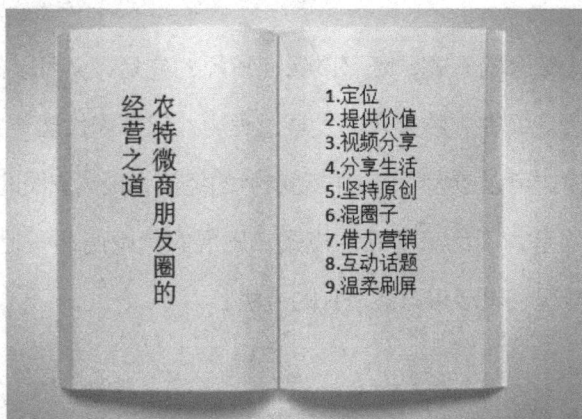

图 5-6 农特微商朋友圈的经营之道

1. 定位

做微商其实就是做营销，而做营销的第一要素就是定位。所以，对于任何农产品卖家来说，最重要的是搞清楚自己的定位。卖家只有搞清楚自己卖的是什么产品，提供的是什么服务，才能更好地找到自己的目标客户。例如，土特产经营者针对的主要客户群就是喜爱吃土特产的人，所发朋友圈的内容则必须主攻土特产的色香味，从而吸引看到朋友圈的人前来消费。

2. 提供价值

别人为什么要关注你？除了与你是朋友关系之外，还有因为你具有价值。长得漂亮是一种价值，会赚钱是一种价值，写字好看是一种价值，你所卖的产品对消费者有用也是一种价值。你能够给他们什么，你的价值就是什么。卖家一定要善于挖掘自身优势，然后将其放大以吸引更多的消费者。例如，朋友圈中有人肠胃不消化，而你所卖的蜂蜜恰好能排毒助消化，那就自然会吸引他前来购买。

3. 视频分享

微信中的小视频分享功能对于微商而言具有很高的价值，农特微商发货时的过程、送货过程都可以用视频的形式发出来，让朋友圈中的人看到，这样可以给消费者真实可信的感觉。很多人都认为微商作假，但视频是做不了假的。通过小视频，别人会更加相信你。农特微商也可以通过小视频的方式将种植的过程分享出来，从而得到更多消费者的信任。

4. 分享生活

微商营销与普通营销的不同之处在于，微商营销是一种生活化营销与情感化营销。但是，很多卖家的朋友圈中全是广告，没有一点关于生活的内容。买家不了解你这个人，甚至都不认识你，怎么会购买你的产品呢？因此，建议卖家在朋友圈中发广告的同时，每天至少发一条与生活有关的内容，这样才能增强与消费者之间的情感，拉近与消费者之间的距离。

除此之外，农特微商还应及时分享客户反馈、代理反馈、所在团队的风采等亮点内容，也可以将施肥、灌溉等一系列关于农产品种植的内容分享到朋友圈中。这些关于农特微商生活的内容不仅不会引起消费者的反感，还会让消费者对你的产品产生兴趣。

5. 坚持原创

做得好的农特微商的朋友圈一般都是原创，很少有复制粘贴的内容，而做不好的农特微商的朋友圈基本都是复制粘贴的内容。农特微商看似很简单，其实做起来很难。好的农特微商无时无刻不在思考下一条朋友圈该如何写才能吸引粉丝的注意、客户的关注，只有这样才能将朋友圈经营好。坚持原创，可以让朋友圈中的人了解你的性格。而且，他们通过这些内容能够看得到你在认真做事。

6. 混圈子

微商群体中有一种说法，叫作"无社群，不微商"，说的就是社群和圈子对于微商的重要性。要想成为赚钱的微商，就一定要有属于自己的圈子，不管是线上的，还是线下的。这也是为什么有线下活动时会有不少做微商的人前来参加的原因。除了专业知识之外，微商的最重要资源就是人脉。对于微商来说，人脉就是金钱。经常参加线下的论坛或者某种类型的大会，不但可以提升个人的知名度，而且可能与圈内的一些大咖们零距离接触。对于任何形式的微商来说，这都是一个非常好的涨粉机会。所以，微商们如果有机会参加线下活动就尽量去参加，而且要把参加这些活动的信息分享到自己的朋友圈中，以达到自我包装的目的。

农特微商也有属于自己的圈子，经常参加一些农产品展销会、农产品推介会等活动，也可以为农特微商群体扩展人脉，加大影响，进而推动农产品售卖。

7. 借力营销

农特微商参加农产品展销会或者推介会时，如果见到一些大咖或者在圈子中有影响力的人，一定要争取与他们交流、合影，然后发到朋友圈中。这样可以增强朋友圈中人对你的认可度，甚至对你产生仰慕感，进而产生信任感。这种方式也叫作借力营销，借助大咖名人们的影响力来宣传自己和自己售卖的产品。

8. 互动话题

互动频率的高低在一定程度上决定了粉丝的转化程度。互动可以增强彼此之间的情感，互动的过程可以帮助微商群体了解朋友圈中人的性格、爱好等各个方面的信息，为营销打下基础。

农特微商除了要主动与朋友圈中的人互动，还要引导他们互动，这是一种智慧。发送到朋友圈中的内容不要过于严肃，轻松、有趣、娱乐是朋友圈内容的必要特性。

9. 温柔刷屏

刷屏没有错；不刷屏，则产品有可能卖不出去。但是，刷屏也需要技巧，不注意技巧的刷屏极有可能导致自身被屏蔽。所以，请广大微商不要做暴力刷屏者。作为农特微商，一天发布 5～10 条内容是最合适的，这些内容包括 2～3 条产品广告，3～4 条生活分享，1 条关于情感的抒发，以及其他有趣、合适的内容。注意，所发内容一定要坚持原创，同时兼具内涵与娱乐性，并最大可能地突出产品亮点。

Chapter 06

第6章

用创意开启农村电商新玩法

或许你有足够的经验与资本在电商市场中游刃有余，但你不一定能玩得转农村电商。相对于传统行业，农村电商行业更加复杂多样，其产业链上游涉及种植、饲养业等最底层的根基产业，下游涉及冷仓、冷链及配送等技术性产业，而且资金投入周期长、回笼速度缓慢。还有"天灾人祸"等不可控因素，都使农村电商的发展备受制约。所以，发展农村电商千万不能以偏概全、盲人摸象，必须根据具体情况具体分析，用创意开启农村电商新玩法。

6.1 农村电商创业新机遇来袭

2013 年，农村电商被写入中央一号文件。此后，我国农村电商以燎原之势进入了迅猛发展时期。而"加强农产品电子商务平台建设""支持电商、物流、商贸、金融等企业参与涉农电子商务平台建设"等一系列相关政策的出台，更是表示出国家对发展农村电商的大力支持。对外经济贸易大学国际商务研究中心主任王健教授表示，作为一个联结城乡消费的双向平台，农村电商的出现将有效推动乡村经济的发展，并对缩小城乡差距、实现双方共同富裕起到极为重要的作用。

2015 年 9 月，商务部对电商领域的相关政策文件作了详细解释，并联合其他部门在《关于加快发展农村电子商务的意见》中提出了推进农村产品电子商务品类体系、建设新型农村日用消费品流通网络等关于农村电商建设的五大任务。在国家政策的支持下，众多商家开始注意到农产品背后的巨大市场，这给无数创业者带来了千载难逢的创业新机遇。现阶段，即使阿里巴巴、京东两大资本巨头已经相继开始进军农村电商领域，但是在农产品电商化的初级探索阶段，市场仍然赋予了广大创业投资者无限的挑战空间。

国家不仅从政策上表现出对农村电商产业发展的大力支持，为鼓励培育更多的农村电商服务企业，还开展了咨询、培训、技术等一系列专业化服务。除此之外，国家也在资金上为农村电商给予了充分保障。2015 年，国家财政表示将为扶持农村电商的发展拨款 20 亿元，并表示这部分资金将主要用于中西部特别是老区农村电子商务的发展。大力建设完善的县、乡、村三级物流配送体系，开设相关培训业务，向人们普及电子商务相关知识。这对于那些有着创业梦想的人来说，无疑是一大福音。

从以上国家推出的相关政策和一系列手段来看，"互联网 + 农业"的大势已定，这种全新的商业模式将促进农村和城市产品的双向流通，为农产品进城打开了一条重要渠道。国家正在以鼓励创业的方式搭建起一个以农村为中心的全新生态体系，以此带动农村就业，实现城乡的双向发展。

相比其他创业形式，有国家支持的农村电商创业显然拥有更多的机会，相关政策以及资金的投入无疑大大降低了创业的门槛，加速了电商创业的成功。对于创业者来说，农村电商无疑是一个新的行业蓝海，需要准确快速地切入，从而在这个充满潜力的市场占有一席之地。而在这股农村电商掀起的创业热潮中，能够抓住的机会又有哪些呢？政策有了，创业者又应该怎样在农村市场占得先机呢？下面就一起来了解一下农产品电商化领域已经出现的一些创业机会。

1. 农特微商创业

社交电商时代，农特微商具备重大的创业价值。这种全新的商业模式推动了产业流通变革，带动了整个农业行业的发展。在这个万众创业的时代，每一个人都有可能成为创业者。只要你所在的地方拥有标志性特产，你就可以加入到农特微商创业的队伍中来。

2. 农产品直供模式创业

这是互联网时代的一种全新的商业模式，即去掉中间渠道，实现农产品产地和城市中酒店、超市等机构的直接对接。由于传统农民大多对电商、采购、订单农业等概念了解不多，农产品缺少品牌已经成为制约其推广的重要因素，这就需要新时代的年轻人去组织、整合。因此，这是个非常值得探索的创业机会。

3. 县域农村电商物流创业

物流在电商发展过程中具有非常重要的作用，因此县域农村电商物流可谓是一个非常好的创业机会。当前快递网络还很难实现从县级到村级的全面覆盖，而这也就成了限制农村电商发展的又一重大因素。目前京东等众多电商行业巨头已经开始了对农村电商的全面布局，这也直接推动了县到村级物流网络的全面建设。从商业模式分析，实现县级到村级物流的流通，对实现农产品上行和电商下行的双向传输都具有巨大的价值（见图 6-1）。

图 6-1　县域农村电商物流

　　虽然"互联网＋农业"的全新商业模式将给传统农业带来巨大的变革，农村电商的快速发展为广大创业者们提供了许多重要机遇，但机遇总是与挑战并存，目前仍处于初级探索阶段的农村电商还面临着很多没有破解的难题。由于环境不同，农村电商创业不可能完全照搬城市模式，没有捷径可走。要想在农村电商市场中脱颖而出，就必须对农村、农民有全面而深刻的了解，打好基础，按部就班。

　　总之，农村电商创业必须从长计议。创业永远是风险和机遇并存，创业者要时刻做好面对一切的准备。"互联网＋"浪潮下，农村电商的战争已经打响，"互联网＋农业"这种全新的商业模式能否真正落地执行，给企业带来新的发展方向和竞争优势，是创业者在创业之前需要认真思考的问题。

6.2　"家庭会员宅配"模式

　　在现代商业社会，创新对于任何企业而言都是其生存发展的原动力，农村电商必须依靠创新与改革才能拥有长足的发展。如今,农村电商逐渐展露出几种新玩法,"家庭会员宅配"模式就是其中之一。

从严格意义上来说,"家庭会员宅配"模式并非纯电商模式,其独特之处在于配送方式为创新的家庭宅配式,即把自家农庄的产品直接配送到会员家庭中。如此一来,配送过程中不需要第三方物流行业的转承,可以大大节省企业成本。企业要想成功运行"家庭会员宅配"模式,必须做到以下几点:

(1)要形成规模化种植及饲养,自己的地盘自己做主;

(2)要通过官网发布产品的供应信息,毕竟酒香也怕巷子深;

(3)保证其会员可以通过网上的会员系统提前预订所需产品,待产品生产出来时可以及时按照预订需求配送到会员家中,确保产品的时效性。

正因为如此,这种模式的主要盈利来源为家庭会员的年卡、季卡或月卡消费,而不是其他形式的销售。这种模式在我国农村电商企业运营中并不少见,多利农庄、一亩田、忠良网都是其典型代表。

多利农庄的创始人兼董事长张同贵先生早年在上海经营多利川菜馆,收益颇丰。在生意最鼎盛时期,他却毅然决然地将几十家川菜馆卖掉,之后揣着资金进入农村进行有机蔬菜种植。时至今日,多利农庄已将触角伸向了北京、上海以及云南等多个地方,并且很快达到了数万亩的规模。

多利农庄在运营模式上采用先进的"家庭会员宅配"模式,因为这种从田间到餐桌的模式相对固定,盈利模式相对清晰,资金相对透明。目前,多利已拥有一大批拥护者,并已先后获得了两轮资本融资,总计在4000万美元左右,第三轮融资也在积极准备当中。

出人意料的是，多利农庄的发展势头如此迅猛，利润却非常有限。多利农庄本质上是继续扩大市场规模，增加市场占有率，缜密地布局农业全产业链，形成覆盖网，做全国最大的有机食品生产商和宅配供应商。在资本市场，多利农庄想通过一系列活动完成上市的终极目标。为了实现这个目标，多利农庄不惜花血本聘请外籍高管和各类种养专家，以增强自身的软实力，提高行业竞争力，并花费巨资建立现代化的冷库、恒温室、流水作业台，自建冷链物流体系。冷链物流体系为多利农庄实现"家庭会员宅配"模式提供了保障，但这些固定资产的投入是阶段性的，并非一劳永逸，想要凭借销售蔬菜形成价格优势来打平成本几乎是不可能完成的任务。所谓"醉翁之意不在酒"，多利农庄真正想要的是未来的市场。

密集的资本投入要以雄厚的资金实力作为保障。多利农庄为实现"家庭会员宅配"模式投入了大量的资金，在盈利和规模之间作出取舍。正所谓鱼与熊掌不可兼得，我国大多数企业并没有多利农庄的运气和实力，还需要在追寻盈利的路上慢慢地进行尝试。

部分农村电商经营者或因自身眼界问题，或受资金能力与规模限制，无法投入巨资建立自有电商渠道。因此，这类企业大多依托淘宝网上的 C 店进行销售。"C 店销售"经营模式的最大卖点与传统销售思维的卖点相反。这种模式中，经营者大多将其以天然的方式种植（绿色无污染、不打农药、不施化肥、不加生长素等）作为重点营销卖点。但是，这种货源依靠纯天然养殖，存在很大的自然风险。所以，这种模式的农村电商经营者在经营过程中，一定要时时关注自然气候的变化并做好防护准备，尽可能地降低风险。

采用"C 店销售"模式的农村电商经营者，其初衷是为目标消费者提供最健康、生态的产品。但是，天然农产品大多数价格偏高，具备消费能力的目标人群基数不多。所以，采用这种模式的农村电商在盈利之路上还需慢慢探索。

2016 年 2 月，上海崇明有两位崇尚天然种植的经营者开始接受预订夏天西瓜的订单，100 斤起订，售价每斤 5 元。因为是小本经营，配送费用需要另外计算（或到指定地点自提）。同时，为了避免产品滞销和部分预订消费者不能按约定提货及付款的问题，经营者要求预订消费者事先支付合理金额的订金。如此一来，经营者可以根据预订消费者人数进行计划生产，保证种植的大部分西瓜都可以顺利销售，从而大大降低经营风险，确保利润最大化。

农产品私人定制渐渐风行，"崇明西瓜"依靠创新的私人定制模式降低了经营风险，获得了最大化的利润。当今商业社会中，私人定制作为一种全新的创意型销售模式，具有极大的发展空间与现实价值，也被许多农村电商经营者所应用。济南市历城区董家镇张而村刘明兄弟的"牛奶草莓"就是私人定制创新模式的又一典型案例。

刘明兄弟在其村镇中自建草莓大棚，进行草莓的种植、批发与零售。但在运输过程中，草莓往往会因为受到挤压而损坏"破相"，"破相"的草莓很难卖出理想的价格，刘明兄弟为此大伤脑筋。

在不断的摸索与经验总结中，刘明兄弟找到了解决草莓"破相"问题的

好方法 —— 草莓地认领销售。这种方法是让消费者在草莓种植之前事先认领好草莓地，待草莓成熟后，消费者可以来自己的草莓地随意摘取草莓。这种方法因让消费者可以尽情享受到田园风光和干农活的乐趣，而受到广大城市消费者的喜爱，不但为刘明兄弟减少了部分销售成本，保证了利润，还为兄弟二人吸引了大量的忠实客户。

此举大获成功之后，刘明兄弟将其发扬光大。除了果蔬采用订单式销售模式之外，他们还对养殖类和水产类产品采用认养模式销售，通过满足城市消费者的需求，为自己赚取了丰厚的利润回报。

农产品的会员制营销与私人定制化服务，是在当前农村电商逐渐成型的环境下应运而生的。农产品具有周期性和反复性的特点，可很好地开展会员活动，一次收钱，多次配送。根据消费者的个性化需求进行配送，经营者可以更好地与消费者进行多频次、多节点的接触，从而把消费者牢牢抓在手上。

6.3 三级分销

互联网时代，农村电商的发展如火如荼。许多传统企业经受不住农村电商市场丰富资源的诱惑，纷纷摩拳擦掌，一头扎进了农村电商市场中。传统企业逐步将线下活动转向了线上，以互联网为媒介，成立电商渠道部门，重点培养，并以最快速度开通分销平台，扩张渠道，快速招募分销商，占领农村市场。理想很丰满，但现实很骨感，传统企业的"触网"之路并不平坦。分销商的价格难以管控、库存不准，极易造成产品市场混乱，断货现象层出不穷，而且新产品发布不到位、分销商黏度低等问题也接踵而至。面对一系列问题，建立自己的分销渠道已经成为传统企业迫在眉睫的任务。

农业三级分销系统可以为分销过程中出现的问题提供有针对性的解决方案（见图6-2）。

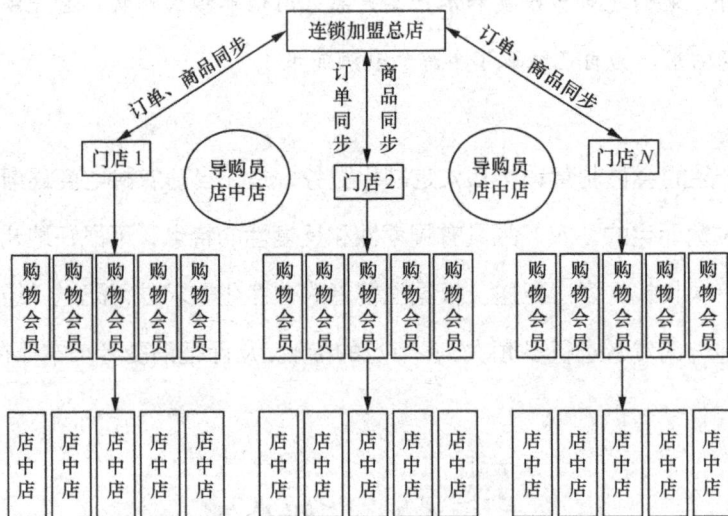

图6-2 农村电商的三级分销示意图

农业三级分销系统由加盟代理分销、会员商铺分销与个人商铺分销组成。

1. 加盟代理分销：低成本拓展分销业务

加盟代理分销平台能够帮助农村电商以最高效率、最低成本获得网络分销的能力。此模式还设立了多级分销商差异进货体系、逐级分销商返利抽成体系，在为企业增强自身实力的同时，也增加了企业的分销商数量，有利于企业实现占据市场的目标。

电商零售市场可谓是机遇与挑战并存，企业面临的不是重生就是灭亡。在市场竞争中，很多企业并不知道哪种业务模式真正适合自己。而代理分销平台懂零售，更擅长分销，可以大大提高加盟企业的分销速度。同时，此平台全面兼顾批发、代销、零售，可以帮助企业灵活运转，实现低成本拓展与业绩倍增的目标。

在代理商方面，正规代理分销加盟模式和审核认证，可以帮助广大经营者高度把控自有分销商，有效实现自有渠道的建设及管理。

另外，加盟代理分销模式可以全面解决农村电商的核心运营问题。农村电商运营需要分销业务全程精细管理，集中掌控，从招商、营销、分销管理到下属管理，缺一不可。加盟代理分销模式使多级分销商管理体系得到有效监管，自定义各等级分销商优惠折扣有利于企业发展。同时，不同产品线代理商权限控制可以有效保障经营者的权益，从而使广大经营者不需要为无法监控代理商的行为而忧心。

加盟代理分销商逐级返利，公平公正，可以平衡线上线下的利益。此模式符合线下分润和返利的计算逻辑，可谓高屋建瓴。分销网首创逐级返利和推广返利双结合的模式，让利益分润不再单一地依靠线下渠道，而是匠心独具地推动了"线上＋线下"融合，实现双赢。

2. 会员商铺分销：线上店数爆发式增长

会员分销平台能够帮助农业品牌企业以最高的效率、最低的成本，快速搭建起成百上千家店面，并通过裂变效应让农业品牌的知名度迅速提升，使企业线上店数呈爆发式增长，进而让企业产品铺满整个互联网。会员分销平台可以实现移动互联网的全民营销、全网促销，让企业真正占领农村市场。会员商铺分销具有以下三大特点。

（1）开店速度极快

店中店通过简单的开店流程让"网络小白"也可以现学现卖，实现零基础分分钟开店，从而大幅度提升个人开分销店铺的速度。同时，会员分销平台下设的"小白"个人店铺管理模块十分方便、快捷，可以让农民实现快速开店。

（2）蝴蝶效应

会员商铺分销模式可以集合所有农村电商卖家和线上线下消费者，将他们全部转化为商品销售的业务员，进而产生以一带十、以十带百、以百带千的蝴蝶效应，纵横交错，深度挖掘潜在的商机。

（3）二级店铺推广

会员分销平台涵盖二级店铺的推广功能，让农村电商卖家、老客户协助推广，并给予其一定返利，借助社交圈发展新客户，稳固老客户，进而促进三级分销商的产生。

3. 个人商铺分销：再次裂变式增长

会员的朋友与经销商的客户在会员商铺分销的基础上再次裂变，可以生成个人分销商城。如此一来，门店与门店之间可以实现库存互通、订单互调。此模式具有两大优势：第一，它可以实现门店间的相互调配，达到库存最少积压，避免生产过剩的问题，实现资源优化配置；第二，门店以及总店后台可以便捷地获得所有店中店产生的交易信息，随时掌握交易情况，实现集中管控。

做好农业三级分销，可以帮助农村电商企业最大程度地避免销售过程中出现的问题，对农村电商企业而言是一种必须与急需掌握的销售模式。农业三级分销在实际应用过程中要注意以下问题。

（1）代理要有门槛

在代理商的选择上要设定门槛限制，经营者不能只为了数量而不要质量。分销企业的代理商对于分销企业而言至关重要，不但其经营能力在很大程度上决定了分销企业的盈利能力，其行为也会在很大程度上影响分销企业的商业信誉。目前，许多三级分销商城都已在代理商选择上设置了门槛。

（2）互联网市场前景广大

如今，我国政府大力扶持农村电商的发展，农业三级分销在互联网领域存在极大的发展空间。互联网的大数据平台让微信三级分销、微博三级分销快速发展，不少国内知名企业都已开通微信、微博等网络分销渠道。广大农村电商企业均应把握政府大力支持的机遇，在网络平台上大力发展自身的三级分销渠道，从而占领更大的市场份额。

三级分销是最快速的裂变模式，能帮助企业将客户变成合作伙伴，让分享成为获取利润的有效手段。互联网时代，面对知识的快速更新迭代，农村电商企业要不断学习探索，乐于求知，扬长避短，在借鉴别人的同时加入自己的特色，从而不断创新和提高。

6.4　O2O+C2B 混合模式

互联网技术的快速发展以及国家政策对农村电商的大力扶持，让不少涉农企业纷纷进入电商市场。而农村电商企业与以"3C 产品"为主的传统电商企业在发展路径上有着本质的区别。传统电商企业的 O2O 模式具有一定的局限性，并不完全适合作为易损耗而不耐储存的农产品的销售模式。生鲜市场的 O2O 失灵效应就极具代表性。

如今，在农村电商领域，生鲜市场算是仅存的一片蓝海。但这小小的蓝海也被众多商业巨头围得水泄不通，可见生鲜市场这个"香饽饽"是多么炙手可热。

仅在水果类生鲜市场上，就有"褚橙""柳桃""潘苹果"三巨头激烈角逐。他们利用自身的名人效应轻而易举地获得了市场份额，并横跨烟草、IT、房地产三大行业。唇齿相依，休戚与共，与生鲜市场密切相关的上下游产业也因此大放异彩，想从电商市场中分得一杯羹：快递巨头顺丰速运推出"顺丰优选"；外资电商大鳄亚马逊中国紧随其后开通生鲜频道；京东、阿里巴巴强势入驻，进行生鲜售卖。一时之间，生鲜市场俨然形成了"三国鼎立"的局面，真可谓是风生水起、变幻莫测。

对于大部分电商企业而言，O2O 模式都是其赖以生存的根基。然而，这种看上去很美的商业模式却在生鲜市场上失灵了，始终不见成效。仔细分析就能发现，生鲜市场的 O2O 失灵效应并不奇怪。生鲜产品是极易损易耗的产品，电商企业根本不能用做 3C 产品的标准去做水果。生鲜产品的销售要严格遵循具体问题具体分析的原则，因为消费者无法仅仅依据生鲜产品的产地就确定其口感是否能令自己满意，电商企业更不能奢望海鲜、水果在经过长途跋涉之后送到消费者手中还依然能够味美如初。生鲜市场迫切地需要一种创新的商业模式，改变低效率的市场现状，以满足庞大的市场需求。"O2O+C2B"模式就在这样的环境下应运而生。

O2O 模式即线上对线下，是电商企业的基本运营模式。C2B 模式即消费者对企业，是以消费者为核心，即先由消费者提出要求，然后由企业按消费者需求运营生产。这种模式让消费者参与到产品的生产与定价之中，按照自身需求定制产品与价格，并让农村电商企业按需生产，从而降低成本与风险。C2B 农村电商产品具有以下特征。

（1）渠道不决定定价权，消费者拥有与企业同等的定价权利。相同生产厂家的相同型号产品无论通过何种途径出售，售价都是相同的。

（2）C2B 产品的价格组成合理，不存在暴利现象。

（3）C2B 产品的渠道（生产渠道、销售渠道）十分透明。

（4）C2B 产品的供应链透明，C2B 模式是弥补农村电商市场的理想模式之一。

综上所述，C2B 模式充分发挥其"顾客至上"的优势，凭借个性化定制与透明的渠道、供应链等优势，巧妙地解决了传统 O2O 模式中的信任与质量难题。C2B 模式很好地弥补了 O2O 模式的短板，二者的结合为涉农企业进军电商领域铺平了道路。在我国，"一米鲜"是"O2O+C2B"混合模式运营农村电商中的佼佼者。

"一米鲜"是我国领先的生鲜 O2O 品牌，其目标是让我国每一个普通家庭每天都能吃到新鲜的水果。为了实现这个目标,"一米鲜"投入大量资金搭建起从产地到消费者的直供平台,并突破传统生鲜电商的 B2C 模式,首创以销定采的 "O2O+C2B" 模式,根据消费者的需求进行水果采购。

"O2O+C2B" 模式不但帮助"一米鲜"实现了"零库存营业",大大降低了企业的运营成本与风险,也让"一米鲜"的客户可以方便、快捷地享受到新鲜水果,从而使其快速拥有一大批忠实的客户,大大提高了自身竞争力。

"O2O+C2B" 混合运营模式是我国现代农村电商企业的新出路。目前,农村电商商业模式已逐步从 B2C 转向 "O2O+C2B" 的混合模式,客户需求越发成为农村电商行业的整体驱动力。"O2O+C2B" 混合运营模式让我国农村电商企业不再受到"大而全"市场问题的困扰,并让企业从"小而美"的市场起步,培育出我国农产品市场个性化的定制习惯,从而在互联网平台中占领自己的一片天地。

互联网时代的到来,让万物互联成为商业环境的大势所趋,农村电商企业如想取得长足的发展,就必须汲取互联网的力量,走平台化与生态化发展的道路。而农村电商企业与传统电商企业既相似又不同,农产品的"绿色"与"新鲜"等特点既是其占领市场的最大竞争优势,也是其物流运输链条上最大的短板。现代农村电商企业如想在电商市场如鱼得水,就必须取长补短,在运营模式等方面变革创新,让客户需求成为企业发展运营与确定战略方向的依据,从而在移动互联网引领的市场中走得更远。

第 7 章

发展县域经济农村电商三板斧

互联网技术的飞速发展让电子商务成为中国经济发展的助推器，农村电商也在政府的大力扶持下崭露头角。然而，农村电商要真正发展仅仅依靠政府政策的外力推动是远远不够的，还必须追本溯源、由内而外地进行开拓与发展。挖掘和培养农村电商人才、梳理本地特色产品体系、大力建设基础设施是农村电商开发的三板斧，相信大刀阔斧的改革创新定会使农村电商大放异彩。

7.1 人才大普查

伴随我国城镇化进程的步步推进，农村的互联网科技水平不断提高，农村电商成为我国电商市场的后起之秀。农村电商作为时代的产物，其发展对所在县域的经济、文化、人民生活水平，甚至政治等多重领域起到重大影响。工欲善其事，必先利其器。要想做好县域农村电商，就必须打造出开拓农村电商的三板斧，从人才、产品与基础设施三大方面建设出互联网时代的农村电商新风貌。

人才是发展农村电商的重要因素。县域农村电商建设需要"因地制宜"，各县要根据自身的产业结构、人才属性、发展方向等实际情况进行战略部署，而这其中最重要的是人才的培养。电商产业是智力密集型产业的典型代表，要保证其正常运转，就需要大量高素质与懂技术的实用型人才作支撑。发展好一个地区的产业，如同整合好一家企业的业务群，高素质的人才培养是其建设根基。

1. 团队建设

高素质人才的培养需要两大团队的共同努力：懂农村电商的政府团队与懂农村电商的企业家团队。政府团队为县域农村电商的人才摸索与培养提供政策保障，企业家团队为其提供核心驱动力。政府团队与企业家团队如能密切合作，做到官与商的有效配合，则可以很大程度地保证县域农村电商的人才配置。

懂农村电商的政府团队可以通过发挥政策法规的作用，为高技能农村电商人才的培训提供制度保障。

福建省仙游县就曾部署"3000名电商人才培养计划"，致力于县域农村电商人才培养，构建人才梯形成长模型，以此推动本地区经济的全面发展。仙游县人才培养计划为当地农村电商的发展输送了素质过硬的政府电商人才、新农人电商人才、企业电商战略及运营人才、大学生电商人才以及电商创业人才，并培养了大批的农村电商消费者，满足了当地企业快速发展的需求。

农村电商可以带动县域的经济发展，而政府团队对县域农村电商的人才建设至关重要。互联网技术的普及与飞速发展，让中外各国政府都将农村电商人才的培训计划提到日程上来。德国联邦政府曾颁布《职业培训促进法》与《职业培训条例》，培养出大量高技能人才，间接促进了德国农村电商行业的发展。

除了政府团队的扶持之外，县域农村电商的人才发展也需要懂农村电商的企业团队。对于大部分农特产品养殖的农民来说，电子商务还是新生事物。如果他们的产品因为运营的问题而无法大大提高销量，他们中的大多数人就会对电子商务失去信心。如此一来，农村电商的发展将会陷入瓶颈与泥沼中。县域农村电商需要企业团队与政府密切配合，培养出专业化的高技能人才并由他们负责县域农村电商运营工作，而企业团队是农村电商人才培育的核心驱动力。

如今各大电商纷纷将眼光投向农村。为了更好地创新农业、服务农民、改变农村风貌，也为了抢先一步占领农村市场，阿里巴巴集团开始实行战略项目——农村淘宝（见图 7-1）。阿里巴巴集团计划在 3～5 年内投资 100 亿元人民币，建立 1000 个县级服务中心和 10 万个农村级服务站，培育一大批县域农村电商人才，为各乡镇地区的经济发展提供助推力。

图 7-1　农村淘宝首页

农村淘宝可以概括为"五个一"：一个农村中心点、一条专用网线、一台电脑、一个超大屏幕以及一批高素质技术人才。技术人才是农村淘宝得以发展的重要条件之一。只有凭借强大的人才后盾，农村淘宝才可以快速依托电子商务平台建立连接农村与城市的"传送带"，让"网货下乡"与"农产品进城"实现畅通无阻的双向流通，从而实现企业盈利，带动当地县域经济的发展。

仙游县农村淘宝自 2016 年 4 月 20 日开业以来，截至 5 月 31 日，该县农村淘宝运营情况良好，整体村级服务站日均收入在各县中名列前茅，接近 150 元 / 天。全县总订单数同样连日高走，订单累计总量接近 35 万元，整体日均订单数超过 800件，整体交易额不断攀升，并突破 400 万元大关（见图 7-2）。

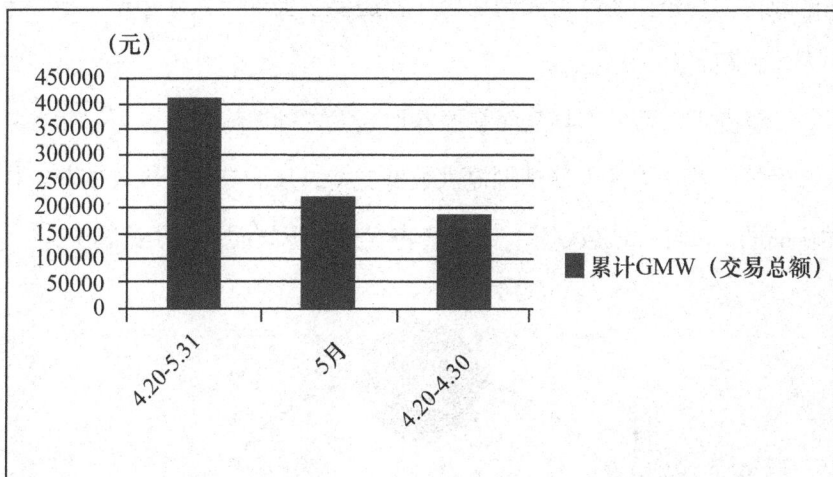

图 7-2　仙游县农村淘宝 2016 年 4 月 20 日—5 月 31 日交易额

农村淘宝之所以能够在以仙游县为首的县域中取得成功，与其强大的高技能人才培养储备密不可分。从农村淘宝 1.0 到农村淘宝 2.0 计划，阿里巴巴集团一直将"人才培养"放在企业发展战略的核心位置上，他们与各区县政府密切合作，推出了"千万县百万英才计划"，这些做法为农村电商的发展培养出大批农村淘宝合伙人、农村电商带头人、物流服务从业人以及供应商从业人等农村电商人才。企业团队进军农村电商市场，不但为各企业平台开辟了极具发展潜力的农村市场，也为当地农民致富创收提供了新途径，带动了当地经济的繁荣发展。

2. 人才普查

农村电商是推动县域经济发展的动力，人才的培养是带动县域农村电商的牵引力。各县如想真正培养出大量优秀的农村电商人才，不但要积极出台合适的政策，与企业团队形成密切合作，还要学会进行人才普查，让尚未发掘的人才脱颖而出。

人才普查可以帮助各县全面掌握本地区人才的总体情况，可以为各县制定人才发展政策与人才发展规划提供数据支持，从而有助于人才培养工作的科学化推进。按普查地域划分，人才普查有三个不同的维度（见图7-3）。

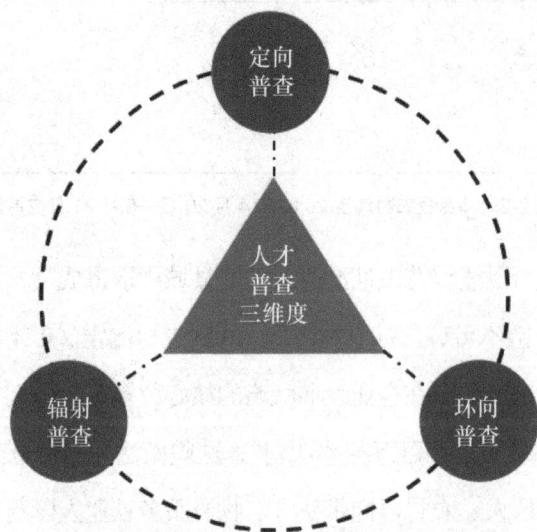

图7-3　人才普查三维度

定向普查是针对本地现有人才进行的普查。如今，越来越多的农村人口流向城市，县域人才短缺问题成为制约县域农村电商发展的重要因素之一。进行本地人才普查可以帮助各县全面了解本地人才结构，掌握本地人才动向，并根据本地人才的情况有针对性地进行本地人才的维护工作及本地人才的素质培养提升工作，因地制宜地为本县农村电商的发展挖掘和培养出更合适的人才，带动当地人民生活水平和经济水平不断提升。

环向普查是针对本地人口在外地的人才普查。目前，县域人才普遍流向外地，针对那些身在外地的本地人才环向普查势在必行。环向普查可以帮助各县掌握人才流动的方向和趋势，为各县制定人才发展战略提供数据支持，帮助各县更好地进行本地农村电商人才的培养，进而促进身在外地的本地人才回流，更好地发展本县域经济。

辐射普查是针对外地人才资源进行的普查，是涉及范围最广的人才普查方式。针对外地人才资源进行普查，可以帮助各县充分了解不同地区的人才构成，并与本地人才占比结构进行比较，从而取长补短，发现自身人才发展战略中的不足，提升本地人才培育水平；了解外地人才资源情况，也可以帮助各县更好地吸收外地人才资源，更好地进行农村电商人才的储备，使本地农村电商的发展水平大幅度提高。

人才是各县域经济发展的重要支撑，人才普查的最终目的是更好地进行人才的培育。县域农村电商的发展需要各县建立农村人才交流与沟通平台机制，让各个方面的农村电商人才汇聚在一起，形成长久的人才解决之道。

3. 搭建本地人才交流平台

人才普查为各县全面搜索和了解本地人才构成提供了有效手段。而搭建本地人才交流平台不但可以为各县吸引更多的外来人才，还可以让人才通过思想碰撞激发灵感，这是解决县域人才储备问题的长久之道。

（1）搭建创客空间硬件平台。

如今，各行各业普遍面临人才短缺的问题，人才资源已经逐渐成为最稀缺的资源。为了缓解人才压力，各县纷纷建立起本地人才交流平台。而搭建适合本地区行业特点的创客空间，是聚人聚气、吸纳人才的第一步。

例如，广东佛山顺德区曾建立家居类"互联网+"创联中心（见图 7-4），为来自各地的家居行业人才创造了交流思想、各抒己见的空间，大大促进了顺德区家居行业的发展。

图 7-4　广东顺德家居类创联中心

（2）搭建针对行业的信息分享类窗口。

互联网时代，商业环境瞬息万变，信息获取也变得方便而快捷，信息的获取速度决定了各县域人才对市场环境变化的反应速度。搭建相关性比较强的行业信息平台，可以让本地人才快速获取最新的行业信息，及时了解政府政策等外部环境的变化，提高对行业的市场敏感度。

例如，仙游县曾开通仙游民生类公众号"仙游那些事"、红木家居行业资讯信息类网站以及针对度尾文旦柚的信息类网站，这些措施让本地人才获得了农特电商的第一手咨讯，让本地农特企业走在了市场前沿。

（3）针对人才交流和资源共享成立专门协会。

各县域人才交流平台的搭建，除了建立聚人聚气的创客空间与方便快捷的信息分享网站之外，还可以成立专门的人才协会，促进人才交流与资源分享。例如，广东省农村电商协会就是我国第一个针对农村电商成立的专门协会。

民以食为天，食以安为先。广东省通过建立农村电商协会进行天然农作物养殖（见图7-5），将分散种植的农户集中带动起来，并与其签订天然有机五谷杂粮的开发、种植协议，构建起从农民到消费者、从土地到餐桌的全产业链运营模式。此举不但将本地天然有机产品推向市场，还将本地分散的种植户聚集起来，为其提供交流沟通的平台，为本地人才的能力提升作出了贡献。

图 7-5 广东省农村电商协会天然农作物养殖基地

人能尽其才则百事兴。扩充人才储备、提高人才能力是各县进行农村电商建设的首要任务。进行人才大普查与构建人才交流平台是各县了解人才构成、提高人才素质的高效方式，是发展县域农村电商的第一板斧。农村电商作为互联网时代的产物，是县域经济发展的首选渠道，因此人才培育计划必须提到各地政府的日程上来。

7.2 地域特产大搜索

人才培养是发展县域农村电商的第一板斧，县域农村电商的发展需要一批素质过硬的高科技人才做后盾。而解决了人才储备问题后，各地就需要将精力投入到发展县域农村电商的第二板斧——溯源中来。

所谓溯源，是指各地需要梳理本地产品体系，整理挖掘出具有本地特点的农产品并进行重点宣传与推广，使其成为当地的地标性农产品。地标性农产品可以优先通过电商平台进行销售，快速占领市场以创造效应。找到具有宣传潜力的农产品有两种途径：整理与挖掘。

1. 地标性农产品的整理

地标性农产品是各县进行重点宣传推广、入驻电商平台的首选产品，各县可以根据地标性农产品的特点整理出本地区的地域特产"潜力股"。"潜力股"应具备包装完善、QS认证、农产品地理标志等特点。

（1）包装完善

完善的包装是农产品进入网络流通领域的"保护膜"。各地如想让本地区的农产品成为地标性产品，并通过电商渠道面向更大的市场销售，就必须完善产品包装。

农产品与"3C产品"不同，其损耗性极高，对包装、物流条件的要求极为苛刻。在流通过程中，肉类、粮食、水果、鸡蛋、茶叶、蜂蜜等农产品如果没有完善的包装，既无法进行运输、贮存、保管和销售，也不利于产品的规格化与品牌化推广。农村电商产品的包装应是特定品种、数量、规格与用途的专业化包装，每个包装单位的大小、轻重、材料、方式都应迎合消费者的需求并符合包装的基本原则。地标性农村电商产品的包装应具备减少损耗、方便运输、提高仓储、美化产品、地域辨识度强等特点。例如，度尾文旦柚作为仙游县的地标性农村电商产品，其包装不但强调产品的地域特色，而且方便运输、利于储存，这对仙游度尾文旦柚的电商营销取得成功起到了极大的推动作用（见图7-6、图7-7）。

图 7-6　度尾文旦柚包装图（a）

图 7-7　度尾文旦柚包装图（b）

（2）QS 认证

QS 是食品质量标准（Quality Standard）的英文缩写。农产品的包装上带有 QS 认证，表明产品经过国家有关部门的质量检测并被批准面向市场销售。自 2004 年 1 月 1 日起，我国首先在大米、食用油、小麦粉等食品行业中实行食品质量安全市场准入制度，在规定时间内完成了对 28 类食品行业推行市场准入制度。

各县的地标性农村电商产品也必须具备 QS 认证标识（见图 7-8）。食品安全问题是关乎国计民生的重大问题，农产品作为食用产品，必须通过国家质量安全检测才能够面向全国市场进行推广。

图 7-8　食用产品 QS 认证标识

（3）农产品地理标志

农产品的地理标志是受国家认可，可以明确指示农产品特定产地的特定标志（见图 7-9）。农产品的品质与其生长地区的自然环境、历史因素、人文因素等地域特点息息相关。

各地方的地标性农产品可通过注册地理标志，打造自身区域品牌，提高本地农产品的知名度与辨识度，更好地进行差异化营销；通过实行统一的品牌设计制作与注册、产品包装的设计与制作、品牌形象的塑造与推广以及品牌的管理与维护等手段，可以避免当地农产品经营分散的问题，提高本地农业产业化和集约化水平，提升产品品质，促进本地经济的繁荣发展。

图 7-9　农产品地理标志

地标性农产品是各县入驻电商平台的首要选择。地标性农村电商产品除了要具备完善的包装之外，还要具有 QS 食品安全认证、农产品地理标志、绿色产品认知标志、无公害农产品认证标志、有机食品认知标志等，这些也为各县地标性农产品的整理提供了线索与方向。各地要学会利用产品优势造势，快速制造网络效应，从而使本地的产品占领更大的市场。那些没有类似产品的地方也可以通过挖掘包装，打造出本地的地标性农村电商产品。

2. 地标性农产品的挖掘

在万物互联的大数据时代，电商市场成为我国各行各业谋生存、求发展的一片"蓝海"。农产品入驻电商平台为第三方平台创收的同时，也带动了农民群体生活水平的提高，促进了农产品原产地县域经济的发展。各县可以通过挖掘地标性特色农产品，与网络平台合作推广，打造差异化地域特产，从而拉动地区农业的发展。根据地标性农村电商产品应具备的特点，各县地标性农产品的挖掘可运用以下几种方式。

（1）政商强强联合，促进产品营销。

打造具有本地特色的地标性农村电商产品需要各地政府与企业携手，共同努力。政府可以为地标性产品的发掘提供政策扶持，与企业强强联合为地标性产品提供物质保障与发展平台。仙游县就曾多次采用政商联合的方法，拉动当地产业经济发展。

仙游县政府为提升当地农产品品牌影响力与农业产业价值，与以阿里巴巴、京东、返利网、拼多多等为代表的全国大型电商平台合作，打造并销售地域特产。

最初，仙游县的文旦柚销售渠道传统且单一，一般以店面销售与莆田人自产自销为主，时常出现滞销现象。仙游县政府为帮助文旦柚打开销路，与拼多多平台合作，将文旦柚放在拼多多首页，置顶宣传，并突出文旦柚的国家地理标志认证。政商联合的这些做法不仅让仙游文旦柚成为中国地理标志产品保护网中的在列产品（见图7-10），也为其打开了网络营销新渠道，大大提高了文旦柚的全国知名度与销量。

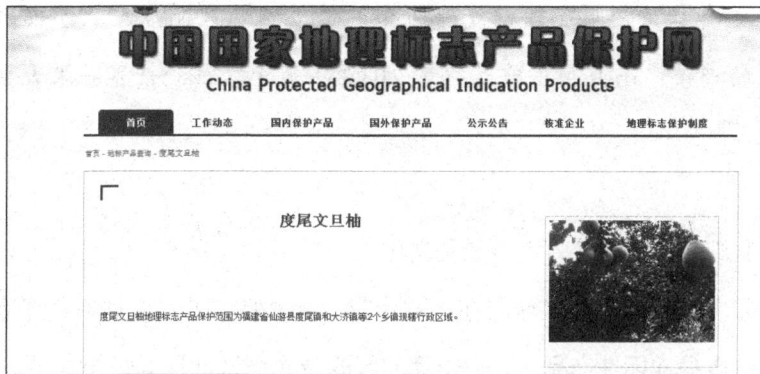

图 7-10　仙游文旦柚登上国家地理标志产品保护网

（2）构建品牌标识，赋予产品魅力。

品牌化对于农村电商产品而言极其重要，各县要想发掘出地标性的地域特产，一定要重视产品品牌标识的打造。产品品牌标识可以提升农产品的知名度，赋予农产品独特的魅力。

（3）建立管理制度，规范地标使用。

建立规范的地标使用制度，也是各县发掘地标性农产品的必要手段。规范地标使用可以更好地打造产品的品牌效应，形成差异化营销。广西壮族自治区百色市政府就凭借对农产品地标使用规范性的重视，让百色芒果更具知名度。

百色市是我国芒果种植的优势带，也是我国最大的芒果种植生产基地。百色芒果是百色市的地域特产，为了更好地打造百色芒果的地标特性，百色市农业局发布了《关于申请使用"百色芒果"农产品地理标志公共标识及商标图案（LO-GO）相关事项的通知》《关于印发百色芒果农产品地理标志公共标识使用管理制度的通知》等多项管理制度，从而促进了百色芒果的产值。而且，该市获得了2017年第十二届"世界芒果大会"的举办权。

（4）规范有效授权，宣传产品文化。

产品文化是产品的灵魂所在，赋予农产品独特的产品文化有助于各县发掘、打造自身地标性产品。北京市海淀区的京西稻米就是很好的案例。

北京市海淀区的京西稻米具有悠久的历史，经历了康熙、雍正、乾隆三代王朝的起起落落，形成了独特的"皇家御用"稻米文化。海淀区政府为了进一步促进京西稻米的销售，与使用京西稻米公共标识的单位签订了《京西稻米农产品质量承诺书》，并通过传统媒体宣传报道有关"京西稻插秧节""京西稻开镰节""京西稻农业文化申遗与入选"活动的文章。另外，他们还通过视频新闻、博客及微信公众号等新媒体途径强调京西稻米的地标性，提高了其知名度。

（5）宣传饮食文化，引导特色消费。

宣传饮食文化与宣传产品文化有异曲同工之妙。饮食文化是我国重要的传统文化之一，各地可以通过宣传本地独特产品的历史文化内涵来倡导一种新的消费模式，营造一种特色消费观，从而使本地的地域特产消费成为一种饮食时尚，让自己的产品成为无法被替代的地标性农产品，提高产品的影响力与认知度。

具有地标性质的地域特产是发展县域农村电商的第二板斧。在互联网时代，农村电商已经成为促进县域农业发展的新航路。各县需要顺应时代的风向，整理和利用好自身优势地标农产品或挖掘打造特色地标性特产，积极发展农村电商，拉动本地农业产业与整体经济水平，带领农民群体共同致富。

7.3 基础设施建设

农村电商是转变农业发展方式的重要手段，要想真正将农村电商发展起来，不能仅仅依靠人才培训储备与地标性地域特产的整理、挖掘，还要对基础设施进行建设。

发展农村电商，基础设施先行。相对于传统电商而言，农村电商在网络设施、仓储物流、人才储备、政策环境、周边设施等软硬件方面都较为薄弱。因此，改善农村电商的发展环境，做好农村电商基础设施建设，已经成为各县发展农村电商的必然举措。

农村电商基础设施可以分为硬件设施与软件设施两部分。硬件设施包括道路设施、宽带网络、电脑设备、服务站建设、培训设备等，软件设施包括快递价格配套、政府政策配套、周边行业配套等（见图 7-11）。

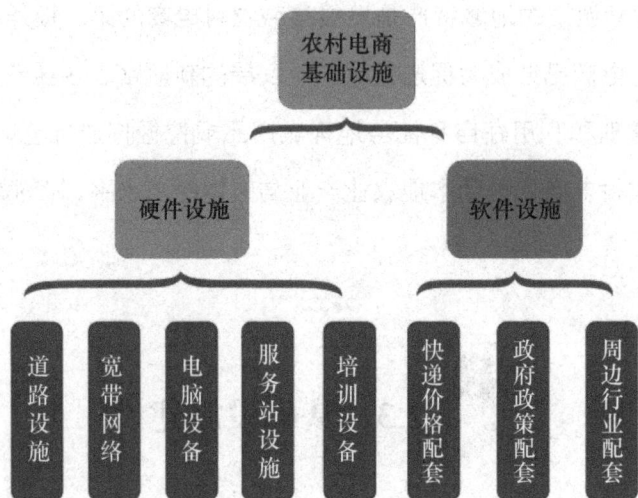

图 7-11　农村电商基础设施

做好农村电商基础设施建设必须左右开弓，硬件、软件一起抓，只有这样才能提高农村电商发展水平，带动各县整体经济发展。

1. 硬件设施

硬件设施不完善是制约农村电商发展的重要弊端。各县可根据自身特点，加强硬件设施建设，为本地农村电商的发展奠定基础。

（1）道路设施

我国农村很多地方存在道路不通、交通不便的现象，道路交通问题让电商物流配送不得不止步于乡镇。但是，农产品的源产地均位于农村，农产品的经营主体也大部分分散在农村，"配送难"问题已成为制约农村电商发展的主要障碍。

各地要想从根源上促进本地农村电商的发展，必须加强道路设施建设，让农村也能够"四通八达"。

仙游县作为我国农村电商中的佼佼者，深刻地意识到道路设施建设的重要性，该县县政府审核批复了《仙游县（2012—2030 年）农村公路网规划》，计划建设仙游县县道 12 条、乡道 156 条、村道 2577 条，共计里程 3276 公里，这些道路建成后会让仙游县的村镇真正实现便捷交通，大力发展农村电商。

（2）宽带网络与电脑设备

与城市相比，我国农村的网络普及水平不高，宽带辐射范围、宽带网络的速度与电脑设备还不能满足农村电商的发展需要。农村电商的发展需要在"信息化的新农村"中进行，普及电脑设备和推行光纤宽带进村是各县发展农村电商的必然选择。

仙游县作为农业大县与 16 个农村信息化示范县之一，在龙头企业与农村合作社的引领下，开始进行"村村通"信息化新农村建设。仙游电信局投资 200 万元人民币，为全县 324 个村和社区，预计 18 个乡镇免费配备电脑设备 342 台，为各农村乡镇配备桌椅、宽带以及手机等硬件设备，完成农村信息化站 340 个，同时开通可连接和利用省级有关平台和系统的农业信息服务站网页站点，这些措施有力地推动了"智慧仙游"战略的发展。

（3）服务站设施

农村服务站设施是为村民、乡镇居民以及社区居民提供各种公共服务产品的公共性、服务性设施，可以为居民提供教育、医疗、文娱、交通、行政管理、社会福利、邮政电信、社会金融以及社会物流等服务。要想发展农村电商，农村服务站是必不可少的。有了农村服务站在交通、网络、物流等业务上的支持，各县建设农村电商的压力可以大大缓解。

仙游县为推进农村综合信息服务项目的顺利实施，在18个乡镇开展"村村通"信息服务站建设，并投入大量资金使54个淘宝服务站正式运营，让农村的留守老人购物更加方便，也为农产品经营者开通了一条更方便、更宽广的销售渠道，让县域的农产品走出"县门"，在全国农产品市场占据了一席之地。

（4）培训设备

目前，我国各县农村电商发展普遍缺乏高技能、高素质的电商人才。而人才除了可以通过挖掘本地人才与吸收外地人才来获得，还可以通过培训获得。进行人才培训自然需要培训设备的支持，各县需要在这方面加大投入，为人才培训提供基础条件。

仙游县政府在培训设备建设上不遗余力，其与阿里巴巴集团、湄洲湾职业技术学院联合建立了"农村淘宝"合伙人启航培训班，聘请专业网络培训人员，购置大量培训设备（电视机、投影仪、打印机等），为仙游县内的农村电商经营者讲解《体验式培训》《开业准备工作及后期运营》《阿里文化解读》《村淘后台基础操作》《合伙人管理制度》《开业共创会》等课程，帮助农村电商经营者真正实现科学运营、科学理财，成为优秀的电商人才。

完善的硬件设施是农村电商发展的基础。农村电商的发展必须依靠硬件设施的建设，只有这样才能让农村电商经营者真正致富，从而真正提高农村的经济水平。

2. 软件设施

硬件设施是农村电商发展的基础，而软件设施建设是推动农村电商发展的核心力量。农村的软件设施主要包括快递价格配套、政府政策配套、周边行业配套等。加快软件设施建设，满足农村电商的发展需要，是各县必须重视的工作。

（1）快递价格配套

"物流之痛"是各县发展农村电商急需解决的问题。村镇中道路难行、交通不便致使物流公司普遍较少，而交通困难又致使本就稀少的物流公司很难获利。因此，他们不得不提高物流配送的价格。这对农村电商经营者而言无疑是最大的心病。在城市中 3 元左右的快递配送费，在村镇中要提升至 4 ～ 5 元。农产品经营本就不是暴利行业，而且经营周期长、自然风险大，广大农村电商经营者很难承受高昂的物流配送价格。如果各县的物流价格配套问题无法得到妥善解决，农村电商也就无法真正发展。

（2）政府政策配套

政府政策的扶持对于农村电商的发展极为重要，我国农村电商的前期建设一般要依靠政府政策的扶持。政府既为农村电商发展提供物质与政策保障，又为农产品经营者与电商平台企业建立连接。政府的连接可以让更多农产品经营者投身农村电商的事业中，从而促进县域农村电商的发展。

例如，仙游县政府曾出台一系列政策条例，在道路建设、人才培养、网络建设以及公共设施建设等方面支持该县农村电商的发展，为农村电商的发展提供了便利的硬件条件。当地政府还曾多次举办农特产品的文化推广活动，与阿里巴巴、京东、返利网、拼多多等全国大型电商平台建立良好的合作关系，打响了本地地标性特产的全国知名度，增强了产品品牌效应，带动了当地农村电商的发展。

（3）周边行业配套

电商行业作为我国新兴行业与未来支柱产业，带动了物流运输、网络电信、计算机设备等多类周边行业的发展。各县农村电商的发展需要配套的周边行业作为支持，除了低廉的快递运输费用之外，合理的宽带速度、低廉的计算机设备价格以及客户资源广泛的第三方平台等设施都是县域农村电商发展的必要条件。各县在农村电商建设上要通过促进周边行业的成长来带动农村电商的繁荣发展，使本地经济水平与居民生活水平产生质的飞跃。

基础设施建设是发展县域农村电商的第三板斧，是促进农村电商发展的必要条件。互联网时代，电商将成为拉动我国经济发展的真正牵引力。各地政府必须顺应风向，挥动人才培养、地域特产打造与基础设施建设的三板斧，大力发展农村电商，加强农业产业建设，带领作为我国人口占比最多的农业人口真正致富，为我国经济水平与综合国力的提升作出贡献。

第 8 章

打造符合农民需求的电商培训体系

互联网时代，农村电商成为农产品经营者的销售新渠道。相对于传统电商行业来讲，农村电商刚刚起步，急需一批素质过硬的高技能人才作为发展的基础。农村电商培训在此大环境的推动下应运而生。

8.1 设计符合本县电商发展规划的培训体系

伴随"互联网 +"时代的到来,"互联网 + 农业"成为各县发展农村经济的新手段。凭借信息技术的不断发展,农村电商加速了农产品从源产地到消费者手中的销售过程。农村电商作为新兴行业,其产、供、销等各个环节都需要素质过硬的专业人才。人才培训是农村电商快速发展的重要保障,专业的农村电商培训体系必须被提到各地政府的发展规划日程上来。

各县需要因地制宜,设计出符合本县电商发展规划的人才培训体系。例如,仙游县政府曾经部署过人才普查战略,通过定向普查、环向普查与辐射普查对本地与外地的优秀电商人才进行大摸底,同时找出本地农村电商培训存在的主要问题,有针对性地设计出符合仙游县发展需求的农村电商培训体系。

1. 农村电商人才培训的常见问题

发展农村电商是各县进行资源整合的有效手段。但随着农村电商快速发展的步伐，其人才缺口越来越大。在"互联网+"时代，缺乏人才的农村电商寸步难行。找到农村电商培训存在的不足，并设计出适合自身实际的培训体系，可以帮助各地从根本上解决人才短缺的问题。目前，我国各县的农村电商人才培训主要存在三大难题（见图8-1）。

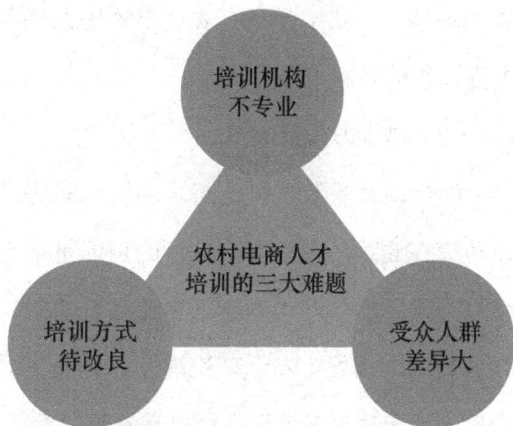

培训机构不专业、培训方式待改良及受众人群差异大是各地做好农村电商人才培训需要翻越的三座大山。

图 8-1　农村电商人才培训的三大难题

（1）培训机构不专业

农村电商作为初露头角的新兴行业，尚处于不成熟的发展阶段，与农村电商相关的培训机构也尚在成长之中。虽然阿里巴巴、京东等大型电商平台及部分小企业电商平台开始将战略目光投向农村电商这块可口的蛋糕，各县政府也对农村电商人才培训高度重视，但由于如今的农村电商行业尚为"垂髫小儿"，缺乏真正深入了解并熟练掌握农村电商运营方式的专业培训人员，培训机构不专业的问题仍然是制约各县农村电商发展的不可回避的问题。

发展农村电商的首要目的就是帮助农产品经营者更快、更便捷地将产品销售出去，提高县域经济整体水平。实现这个目标需要全方位布局，通过专业的培训机构培训出大量懂农业、懂电商的新农人。目前，我国农村电商培训机构大多数由政府牵头出资，并邀请企业、培训机构进行农村电商人才培训。但有不少投机企业或培训机构获得政府资金后，根本不懂得如何实施专业的培训，无法按要求完成规定的培训任务，无法培养出真正懂得现代农村电商运营的新农人。

（2）培训方式待改良

如今，大多数农村电商培训机构的培训方式仅限于纸上谈兵，培训方式改革迫在眉睫。农村电商培训的目的是培养出懂农业、懂电商的新农人，其培训方式不但要理论教学，更要结合实践操作。目前，我国农村电商培训的大多数培训课程止步于理论灌输，只能让受训人员初步了解农村电商的概念知识，而无法真正掌握农村电商的整体操作运营。

（3）受众人群差异大

农村电商人才培训是一项长期且复杂的工作，其复杂性大部分源于培训对象之间不断加大的素质差异。随着我国各县级政府对农村电商事业的扶持，越来越多的创业者加入到农村电商的行列中来。如今，农村电商的经营者不再局限于农民群体，还包括大学生村官、返乡大学生、农村青年致富带头人、政府部门相关人员，以及养殖、种植、加工、运输、销售大户，另外不少农村能人、经纪人、农村合作社成员也成为农村电商经营者。农村电商培训对象日趋多样，其成员之间的接受能力、文化水平、文化转化能力差异很大，这就加大了农村电商人才培训的难度，影响了人才培训的效果。

2. 打造农村电商培训体系

互联网时代，万物互联。面对我国农村电商培训存在的三大难题，各县可根据自身情况因地制宜，加强农村电商人才培训，打造出适合自身发展的农村电商人才培训体系。打造农村电商培训体系的渠道模型如图 8-2 所示。

图 8-2　打造农村电商培训体系的三大渠道

打造农村电商人才培训体系，可通过明确培训对象、明确培训内容、明确培训方式三大渠道进行。

（1）明确培训对象

农村电商人才培训的受众群体复杂而广泛。一般来说，目前农村电商培训的对象主要分为大学生群体、农民群体、青年致富带头人、政府机构人员、各类农村专项技能能人以及村企合作组织等。在进行培训之前，培训机构必须对培训对象进行摸底，全面掌握受训对象的文化水平、接受能力、应变能力、转化能力等各项素质，并将培训对象按照不同素质水平分类，因材施教，制定不同的培训计划。

（2）明确培训内容

因材施教对农村电商人才的培训至关重要，进行农村电商人才培训要根据不同的培训对象选择不同的培训内容。面对年龄偏大、网络知识薄弱、农产品电商推广经验不足的受众或没有任何知识的农民群体时，农村电商人才培训需要循序渐进，先从最基础、最简单的课程由浅入深地进行讲解；对于有一定电商基础的养殖大户、返乡大学生或者经纪人，可以进行深层次的农村电商运营培训，或者找到这类群体的共同薄弱环节，进行加强型特训；而对于那些致力农村电商发展的村企合作组织，可以开展定制的电商专业培训，帮助其进行电商能力进阶提升，培养出高素质的电商人才。仙游县政府举办的农村淘宝培训班，就因其培训内容合理明确、适合该地区的农村电商淘宝合伙人而取得了良好的培训效果。

2016 年 4 月 7 日—8 日，仙游县政府与阿里巴巴集团、湄洲湾职业技术学院联合举办了仙游县首批农村淘宝合伙人短期培训班。此次培训历时两天，培训对象是来自仙游县 18 个乡镇、办事处、50 个村级服务站的 54 名农村淘宝合伙人，培训内容包括《体验式培训》《开业准备工作及后期运营》《阿里文化解读》《村淘后台基础操作》《合伙人管理制度》《开业共创会》等课程。此次短期培训班的培训效果甚佳，为仙游县更好地发展农村电商提供了人才基础。

各县农村电商的培训内容不但要富有针对性，更要与农村科技、农村实用技术、各县政策以及致富信息相结合，打造出普及性与亮点并重的专业化、规模化培训体系。

（3）明确培训方式

各县的农村电商培训必须依靠正确的培训方式，而对传统落后的培训方式必须进行改良。各县农村电商的培训方式改良可以从两个方面入手：第一，培训方式必须从培训对象的实际情况出发，采用通俗易懂、深入浅出的培训技巧，让"互联网""大数据"等新名词能够被广大农民群体接受；第二，各县的农村电商培训必须以培训效果为最终衡量标准，从重视培训人数向重视电商"存活率"转变，不再依靠"讲座式""头脑风暴式"的教学方法对培训对象单向灌输知识，而应该建立培训效果评估机制与培训效果反馈机制，集中精力培养有头脑、有能力的农村电商带头人。

农村电商人才培训是农村电商发展的根基所在。农村电商人才培训体系的打造也需要各地政府部门的扶持，政府部门的制度与物质保障同样可助力农村电商人才培训体系的形成与完善。加强农村电商人才培训，提高广大农村电商经营者的运营能力，是帮助各县推广其农产品、打造地标性特色资源、构建优势品牌的有效手段。因此，打造符合本地发展需求的农村电商培训体系，将成为各县域经济发展战略上浓墨重彩的一笔。

8.2 匹配师资团队

进行农村电商培训的最终目的是帮助各地农村电商经营者打破时间的限制与地域的藩篱，更快、更好地将地域特产销售出去。各县要想打造出适合自身发展需求的农村电商培训体系，需要因地制宜。而且，不同地方面临不同的培训难题，需要依靠不同的培训方式因材施教。

师资团队是影响培训效果的重要因素。农村电商培训的受众因水平参差不齐，必须设置不同等级的培训课程。农村电商培训课程类别大致可分为公开课讲座、短期培训班、长期培训班、战略顾问等（见图8-3），针对不同等级的培训课程必须要匹配不同等级的师资团队。

图 8-3　农村电商培训课程类别

公开课讲座、短期培训班、长期培训班与战略顾问是农村电商培训课程的四大类别。其中，公开课讲座受众人群最广泛，战略顾问课程专业化程度要求最高，短期培训班与长期培训班模式最常见。

1. 公开课讲座

公开课讲座是农村电商培训中受众人群最广泛的课程模式之一。在我国，县域农村电商公开课讲座可谓如火如荼，大多数县都曾利用公开课讲座的形式向本地区农村电商经营者普及农村电商知识。

为了拉动本地农业发展，振兴本地农村电商事业，共青团四川省委联合相关科技公司，在叙永、屏山、安岳等8个县率先开展四川农村青年电商培育工程——"微信公开课"，聘请专业的电商运营讲师为当地农村电商团队讲授农村电商基础、电商运营技巧等课程，这些工作培养了一大批懂农业、懂电商的高技能人才。

公开课讲座分为座谈公开课与网络公开课。座谈公开课是通过召开座谈会等形式面向全社会民众进行的公开课程。一般情况下，座谈公开课的受众大多是来自座谈会举办地点附近的人群。网络公开课是互联网时代的产物，其通过互联网云平台发布视频公开课程，是既先进又便利的公开课形式。网络公开课的受众数量巨大，世界各地的求知者都可以通过网络公开课汲取到其所需的知识。

农村电商公开课讲座课程的难易程度不一，但因其受众广泛，影响力很大，所以在大多数情况下，无论是关于基础入门知识的农村电商公开课讲座，还是深层次的农村电商运营技能知识公开课，都需要聘请专业的电商运营讲师。

2. 短期培训与长期培训

短期培训班与长期培训班是农村电商培训中最常见的形式。农村电商短期培训班可以让培训对象快速掌握电商基础知识、电商运营基本流程等简单技能，长期培训班可以为培训对象深入细致地讲解开店流程、电商促销手段、电商网站页面装修、主页设计、详情页设计等各项技能，让培训对象更好地掌握农村电商运营手段。

如今，我国各县政府纷纷加强了对农村电商人才培训的重视，扶持组织了各类农村电商培训班。仙游县政府曾举办农村淘宝合伙人培训班，并专门聘请淘宝大学资深讲师为农村淘宝合伙人讲授专业的农村淘宝运营流程与运用技巧。

农村电商培训班的培训对象可以有多种身份，不仅农村电商合伙人需要进行专业的培训，各村镇的服务人员、创业大学生、农民群体、政府机构人员等同样需要接受专业的培训。

南京市曾举办为期 7 天的"六合区大学生村官短期培训班"，并组织多名农村电商区域管理者对 50 名大学生村官进行重点培训，通过大学生村官电商人才培训，带动了更多的农民创业，促进了新农村发展。

各县组织开设的农村电商培训班需要根据培训对象的具体身份与素质水平，配备专业的师资团队。各县农村电商的发展必须以强大的人才储备为后盾，而匹配适当且专业的师资力量是储备人才的必备条件。

3. 战略顾问

企业实力的强弱不单单取决于企业的经济实力，更与企业的发展战略息息相关。战略顾问就是企业战略的谋划者，为企业发展指明方向。战略顾问课程是针对农村电商创业者的精品课程，此类课程的课堂容载人数少，对讲师专业程度的要求高。农村电商战略顾问讲师不但需要拥有多年的农业与电子商务从业经验，更要准确把握国家政策以及农村电商行业趋势，并且能够给予培训对象具有前瞻性的意见与策略。

懂农业、懂电商的高素质人才是促进农村电商发展不可或缺的条件之一，同时进行农村电商人才培训还需要因材施教。我国幅员辽阔，各地区的人才结构大不相同。各地要想打造出符合自身发展需求的农村电商培训体系，必须根据培训对象的素质特点开设不同类型的培训课程并配备合适的师资团队，制定完善的培训计划。

8.3 部署招生策略

发展农村电商，需要大量的高技能人才。我国各县级政府要扶持本地农村电商培训计划，采取有效的策略吸纳更多的农村电商经营者参与到培训活动中来。

农村电商培训招生有多种策略，最具代表性的当属政府动员组织策略、免费策略以及收费策略（见图8-4）。

在农村电商三大招生策略中，政府动员组织策略强调农村电商培训计划中政府

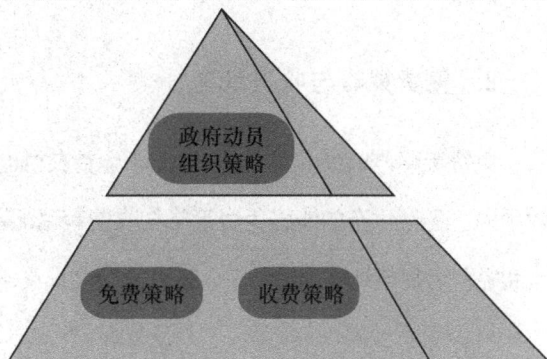

图 8-4　农村电商招生策略

团队的领导扶持作用；免费策略与收费策略是两种十分有效的营销手段，可以帮助各地培训机构更好地招揽学员。

1. 政府动员组织策略

农村电商作为新兴行业，其发展离不开当地政府的制度和物质支持。与常规培训不同，农村电商培训活动大多数是由各县政府动员组织，联合全国知名电商平台与培训机构共同举办，政府人员在农村电商培训中起主导作用。例如，仙游县的农村淘宝合伙人培训班就是由仙游县政府联合阿里巴巴集团与湄洲湾职业技术学院共同举办的。

在各地政府的扶持下，农村电商培训的招生活动可以更好地开展。政府人员不但可以通过网络、自媒体、书报等形式宣传农村电商培训课程的重大意义，鼓励当地农村电商经营者参加培训，还可以通过出台相关政策对农村电商培训提供物质保障与政策支持，确保农村电商培训的顺利进行。

有了政府的政策支持与物质保障，农村电商培训才会事半功倍，取得更好的培训效果，培养出更多的优秀人才。

2. 免费策略与收费策略

免费策略与收费策略是各地政府开展农村电商培训以及进行活动营销的有效手段。各地政府如能将免费策略与收费策略配合运用，就可以吸引更多的农村电商经营者参与到培训活动中，进而大幅度提高本地农村电商经营者的素质水平。

（1）免费策略

免费策略是农村电商招生中最常用也是最有效的策略之一。地方政府可以通过组织免费公开课、免费培训班等活动，吸引更多农村电商经营者参与到培训中来，提高本地农村电商人才的专业素质。政府还可以建立免费的农村电商交流平台，让本地区的农村电商经营者在此平台上相互学习，共同进步。

（2）收费策略

免费策略是极有效力的营销手段之一，但在农村电商培训招生过程中也需要采取一定的收费策略。各地可以通过组织农村电商精品培训班、农村电商强化训练班等优质培训活动，为具备一定基础的农村电商经营者重点开设店铺运营、网页制作以及网络营销等课程。在这个过程中，政府要加大力度宣传精品课程的优势，使其与免费课程形成差异化竞争，以此吸引本地更多的农村电商团队参与培训，提高本地农村电商人才的整体素质。

农村电商人才培训是各地发展农村电商的先决条件，而生源是进行人才培训的基础。只有让更多的农民朋友与农村电商经营团队认识农村电商、了解农村、掌握电商操作流程、学会农村电商的战略部署，才能够从根本上促进当地农村电商的发展。而有前瞻性的招生策略可以帮助各地招收更多的学员，更好地实施培训计划。

8.4 建立培训效果评估体系

对于任何培训活动而言，培训课程的结束都不意味着培训活动的完成。培训效果评估是所有培训课程结束后必须进行的反馈工作，这项工作贯穿整个培训过程，是培训活动中最重要的一环。我国各地农村电商培训应借鉴传统教育行业的教学评估系统，建立完善的培训效果评估体系。

农村电商培训评估是收集农村电商培训课程的成果以衡量培训活动是否有效的过程。培训评估的作用在于，其作为培训活动的最后阶段，可通过建立培训效果评估指标及培训评估体系，判断农村电商培训活动是否达到预期目标、培训计划是否具有成效等，并将评估结果反馈给政府相关部门，为下一步农村电商人才的培训活动提供依据。

农村电商培训实质上是对培训信息进行处理和应用的过程。各地要想真正建立完善的培训效果评估体系，就需要了解培训评估的重要意义。评估一次农村电商培训活动的好坏，并不取决于培训活动的最终环节，而是取决于整个培训过程中的每一环节。因此，培训评估的意义体现在培训过程的全程评估。农村电商培训评估可分为三个阶段：培训前的评估、培训中的评估与培训后的评估。

农村电商培训评估是由多个核心成分组成的反馈系统，评估活动贯穿于农村电商培训活动的全过程。培训评估是一个复杂而繁琐的活动，其流程如图 8-5 所示。

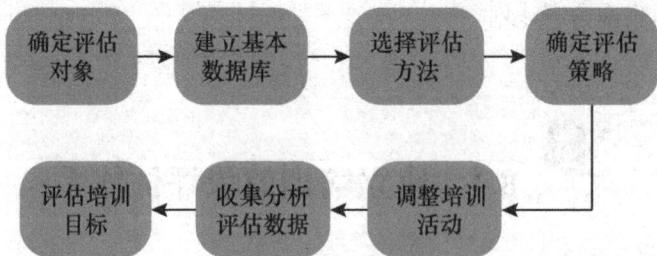

图 8-5　培训评估流程

（1）确定评估对象

在培训活动开始之前必须进行需求分析，将评估对象确定下来。确定评估对象既有助于培训人员对培训项目的前景作出预期，也有助于培训活动的组织者与执行者明确培训效果数据类型、确定数据收集方式。

（2）建立基本数据库

在进行农村电商培训效果评估之前，最好能够将培训活动执行前后的数据收集齐全，建立基本培训数据库。为了更好地进行实际分析比较，数据库中的基本数据最好是同一时间内的数据。基本数据能够反映各地农村电商团队工作的优势与不足，通过对基本数据库的分析，各地可以有针对性地开展农村电商培训活动。

（3）选择评估方法

在确定培训活动之前需要确定评估方法。确定评估方法会有助于培训实施者整理培训流程。选择适合进行培训效果数据分析的评估方法，可以帮助各地农村电商培训的执行者更好地选择培训环境、招收培训学员、评估培训效果。农村电商培训评估方法包括课程前后的测试、学员意见反馈、学员培训后跟踪等多种形式。

（4）确定评估策略

评估策略可以回答何人评估、何地评估以及何时评估三大问题，这三大问题是决定评估结果精准度的重要因素。在各地农村电商培训活动中，各地政府部门、培训机构以及参训学员都扮演着十分重要的角色，因此必须明确其责任划分：①由谁来实施评估；②培训信息数据由谁收集；③谁需要进行培训数据的分析与解说；④由谁来停止或改变评估程序。

（5）评估培训目标

评估计划各个环节的实施运作都会影响培训目标的最终选择。在理想的情况下，评估计划的每一个培训目标都应与收集的基本评估数据有关。培训目标为农村电商培训的组织者、执行者及参训学员规划了路径，也为各地政府部门提供了评判培训活动价值大小的依据。培训目标应具有挑战性、明确性、现实性与可执行性等特点，要能够为各地培养高素质电商人才指引方向。

（6）收集分析评估数据

在评估过程中，收集培训数据是极为重要的工作。确定数据收集进度计划，可以帮助培训实施者在适当的阶段收集整理培训数据。数据分析是评估计划中的难点，进行数据分析的人员可以利用趋中趋势分析、离中趋势分析以及相关趋势分析三种方式进行评估数据分析，找到培训计划与实施过程中的不足并进行适当调整。

（7）调整培训活动

各地通过培训评估系统可以大致推测出农村电商培训活动的效果。如果在培训活动开始之前发现培训计划不能为当地电商人才培训作出明显贡献，或者培训计划存在较大问题，当地政府则可以考虑取消或重新规划培训活动；如果在培训活动过程中评估出培训活动的重大缺陷，则可以对培训的后续活动进行调整。此外，农村电商培训活动的组织者与执行者还需要总结失败的原因或积累成功的经验。

互联网技术打破地域的藩篱与时间的界限，大大促进了我国各县域经济的发展，农村电商成为各地打造地标性产品、创新致富的新渠道。发展农村电商必须依靠人才。为了降低人才资源稀缺带来的压力，各地必须学会因地制宜地打造符合农民与自身发展需求的人才培训体系，通过匹配师资团队、部署招生策略、建立培训效果评估体系等方式，最大程度地保障本地农村电商人才培训的效果，组建起一支精锐的人才队伍，为本地农村电商事业的蓬勃发展不断注入新鲜血液。

Chapter 09

第 9 章

农村电商产业园的打造

打造农村电商产业园是一项系统工程，既需硬件基础设施建设，也要有运营策略方面的软件支持。开展农村电商产业园规划建设工作，可分三步按顺序进行。第一步是明确产业园选址的注意事项、产业园功能定位、项目规划和实施步骤；第二步是制定产业园招商方案和执行步骤；第三步是制定产业园整体运营策略。这三步工作只有环环相扣、循序渐进，才能水到渠成。

9.1 选址与建设

近年来，随着我国电子商务的不断发展，各地规模不同的电商产业园星罗棋布，逐渐形成电商集群式发展的势头。同时，电商产业园也在不断转型升级。这个过程表现为三个不同的发展阶段。

第一个阶段是 2007—2008 年，电商产业园概念诞生，运营模式类似房屋转租，即把简单的服务整体打包，然后赚取差价；第二个阶段为 2009 年前后，阿里巴巴开始与各地方政府合作建立电商产业园，通过政府扶持、淘宝支持，大批网商快速成长，但也随之快速迁出；第三个阶段为 2011 年底至今，电商产业园整合物流、快递等资源，集合信息平台对接、仓储捡货、打单打包、发货配送、云客服等，逐步形成整条产业链模式的新型电商产业园。

纵观古今中外，大凡成功的事物不外乎具备天时、地利、人和三个因素。选址是否具备"地利"条件，直接关系到产业园建设的成败。所谓"地利"就是环境有利于人。在农村电商产业园建设中，首先要进行功能定位，然后根据定位进行产业链布局。明确定位和布局后，再进一步实施硬件设施建设（见图9-1）。

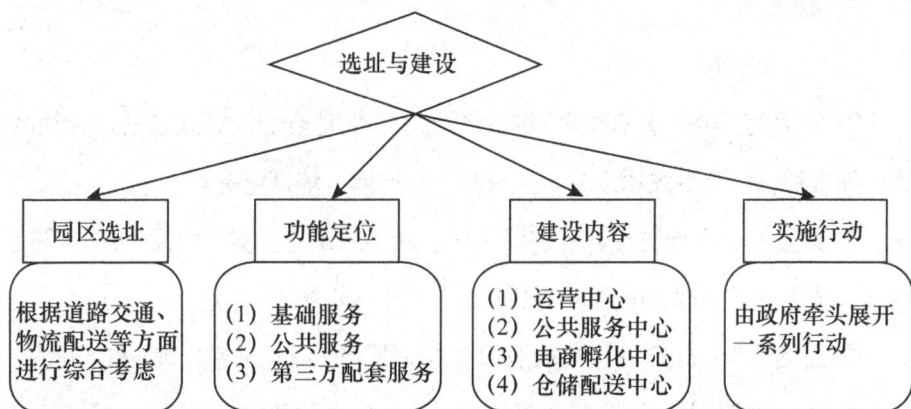

图9-1　选址与建设

1. 园区选址

农村电商产业园的选址应以人与自然环境和谐发展和人文关怀为理念，即以有利于农村电商经营者生活、工作和事业发展为出发点，从区位战略优势角度对欲选目标的道路交通、基础设施配套、物流配送等情况进行综合评估，最后整合各方面优势，规避不利因素，择优选址。

2. 功能定位

（1）基础服务

① 物业服务：包括绿化、安保、车管、公共设施养护、广告位出租管理等。

② 周边配套服务：即产业园周边设有超市、通信营业厅、中高端酒店、

中西餐厅、咖啡厅、茶楼、美容院、药店等。

③ 生活配套服务：即产业园周边设有青年公寓、加油站、篮球场、幼儿园、公共交通系统等。

（2）公共服务

① 提供大、中、小不同户型的办公场所，智能仓储一站式发货，专线网络定期维护，以及多媒体设备、会议室、接待室、培训室等。

② 建立高层次社交圈、电商俱乐部、社团组织等社群，以及电商培训院校、大学生实习基地、电商人才引进等人才服务机构。

③ 提供政策、资讯、投融资、法律等关联服务，以及优惠政策、科技项目、研发经费、项目基金、贴息贷款等政府方面的申请服务。

（3）第三方配套服务

① 服务中心：提供包括网站构建及页面设计，图片拍摄、处理及模特，广告文字编辑、策划及翻译，总裁培训、客服培训等服务。

② 通信机构：提供云主机、无线覆盖、电话、短信、通信、网络、手机等服务。

③ 邮政机构：提供银行网点、自助银行服务。

④ 认证机构：提供产品质量检测服务。

⑤ 金融机构：提供担保贷款，协助企业财务的工商、税务咨询，以及企业贷款、资产管理、法律顾问等服务。

⑥ 院校合作：即与相关院校合作，建立人才库，提供人力资源，引进电商专业人才。

⑦ 实体商家：即与合作社、批发商等合作，提供优质农产品供应商渠道，

自建配送团队，实现及时配送。

3. 建设内容

（1）运营中心

按照政府搭台、市场运作原则，县域农村电商产业园应组建拥有专业化电商管理团队的管理公司，并以公司为主体负责运营中心的运营管理。

运营中心的主要功能包括负责村级服务站建设、管理；村级代购管理；县村仓储、二段物流服务；电商培训、市场推广和参观接待等。具体的建设内容应包括接待室、办公区、培训室、会议室、产品展区、储物间等建筑空间。

（2）公共服务中心

公共服务中心应采取企业运营模式，并以公益为主、市场为辅的服务原则，为农村电商搭建实体和网络服务平台，提供相应服务，推动农村电商品牌建设。具体的建设内容应包括接待室、办公区、外部机构综合办公大厅、多功能厅、摄影棚、智能仓储一站式发货区等建筑空间。

（3）电商孵化中心

电商孵化中心针对农村电商实际运营中遇到的人才、技术、资金等问题搭建孵化平台，使被孵化者实现轻资产、零门槛创业，以达到快速起步的目的。具体的建设内容是为中小企业和创业者提供办公场所。

（4）仓储配送中心

仙游县的做法是与阿里巴巴集团合作农村淘宝"千县万村计划"。阿里巴巴集团在2014年提出的"淘宝农村计划"，为目前制约农村电商发展的配送问题提供了解决办法。"淘宝农村计划"是阿里巴巴提出的"千县万村计划"

中的核心部分，即在 3 ～ 5 年内投资 100 亿元，建立 1000 个县级运营中心和 10 万个村级服务站。

4. 实施行动

（1）由政府有关部门牵头，到农村电商发达地区调研考察，引进一批具有一定知名度的电商及服务企业。

（2）制定农村电商产业园打造方案，组建相应机构，出台政府优惠政策。

（3）搭建网络专线，进行阿里巴巴所需仓储设施及其他相关基础设施建设。

（4）开展调查工作，初步制定农村电商企业入驻产业园方案。

在政府牵头方面，仙游县的做法是成立"一办两案三小组"，每年安排 500 万元电子商务专项资金。

（1）一办，即成立仙游县电商办公室。

（2）两案，即出台了《仙游县人民政府关于印发仙游县加快电子商务发展的若干意见的通知》和《仙游县人民政府办公室关于印发仙游县创建福建省电子商务示范县方案的通知》，重点扶持自主平台建设。

（3）三小组，即仙游县加快电子商务发展工作领导小组、阿里巴巴农村淘宝项目工作领导小组、阿里巴巴农村淘宝项目执行小组。

截至 2016 年底，仙游县已建成 1 个县级电商运营中心（见图 9-2）、51 个村级服务站点、30 个特约分站点，覆盖 5 个贫困村、7 个空壳村。下一步将在线上建设"特色中国仙游馆"平台、线下开设"仙游特色馆"，展示仙游特色农产品，助推本地企业上行。

图9-2　仙游县村淘中心

综上所述，要做好农村电商产业园选址与建设工作，首先要确立正确的指导思想，避免盲从，然后是整体定位以及合理布局，最后是详细设定建设内容。这三方面工作是循序渐进的关系，不可本末倒置。各地政府团队要站在全局的高度整体把握，具体分析，分步实施。

9.2　招商方案与执行步骤

农村电商产业园是农村电商以及相关产业在线下的集群，是由物流配送、代运营、客服、金融、培训、人才服务等一系列环节构成的一个生态体系。其招商对象主要是品牌货源商、中小型 B2C 企业、互联网创业公司或团队、配套性服务（物流配送、信息咨询等）和电商人才培训机构等。而要想吸引这些招商对象进入农村电商产业园，政府的优惠政策和商业创新模式必不可少。

农村电商产业园具有基础设施半公益与服务为主的属性，因此可由政府主导建设、牵头招商，并鼓励社会资金建设、运营，政府可给予补贴、扶持和奖励。

由于开展农村电商工作需要广泛的分工与协作，所以各农村电商经营者之间天然具有集群效应，而农村电商产业园恰是其集群的理想空间载体。针对这种集群特点，农村电商需要相应的商业创新模式，而且传统电商模式不再适应农村电商的需要。

农村电商产业园的招商方案与执行步骤要点如图 9-3 所示。

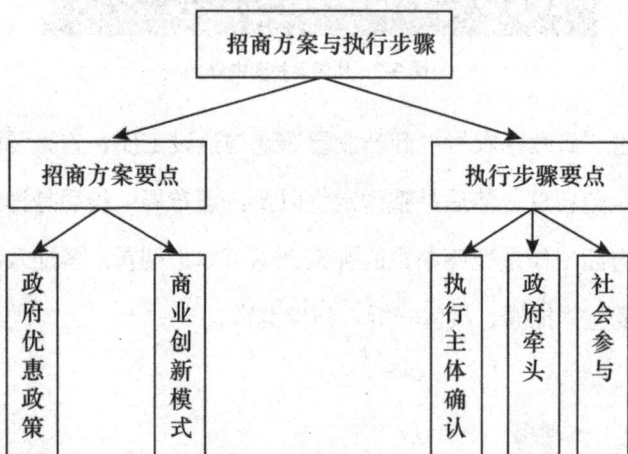

图 9-3　招商方案与执行步骤

1. 招商方案要点

（1）政府优惠政策

制定农村电商产业园招商方案的首要工作是明确政府优惠政策。农村电商产业园是县域经济发展的重要平台，各地政府都给予了高度重视，只是各地出台的优惠政策有所不同。

在农村电商产业园招商方案的制定过程中，要准确解读、正确把握政府出台的各项优惠政策。根据政策精神,对产业园进行合理布局,实行统一规划、统一部署、统一建设和统一管理,并且有重点地扶持相关产业和个人。初步方案形成后,要向政府相关机构汇报并与其进行深入沟通,力争把政策精神用活、把潜力用足。在这方面,浙江省丽水市对农村电商产业的优惠政策具有一定的代表性和推广意义,值得各地借鉴。

2015 年 12 月,浙江省丽水市人民政府下发了《丽水市人民政府关于支持大众创业促进就业的实施意见》,其中对农村电商的优惠政策如下。

(1)农村电商创业者的社保补贴和带动就业补贴一次性上浮 20%,市本级补贴标准按上浮 20% 执行。

(2)农村电商企业招用毕业年度(毕业当年 1 月 1 日—12 月 31 日)待业大学生,与其签订 1 年以上劳动合同,并为其缴纳社会保险,按企业实际缴纳部分给予企业为期 3 年的社保补贴。在村级电商服务站工作 1 年以上者,并缴纳社会保险,经相关部门认定,可享受一次性创业社保补贴。在村级电商服务站工作者的一次性创业社保补贴标准为:在校和毕业 5 年以内大学生每人 5000 元、重点人群每人 3000 元、普通城乡劳动者每人 2000 元。

(3)将村级电商服务站纳入公益性范围,努力开发代购、代销、代收等电商服务公益性岗位。就业困难人员到村级电商服务站工作,并缴纳社会保险费,经相关部门认定,可参照公益性岗位政策给予岗位补贴和社保补贴,无一次性创业社保补贴。

(2)商业创新模式

农村电商产业园应以创新的商业模式吸引农村电商企业入驻。以"共同经营、共享利益"商业创新模式为例：农村电商企业入驻产业园后，产业园为其提供商品货源、运营场所、物流配送等相关服务，即通过 IT 系统整合货源方商品资源，以统一仓储、统一物流配送、统一售后服务等统一运作模式，联合农村电商群体一道进行商品网络分销，形成农村电商产业零库存、低风险、高效率的一站式供应链服务，帮助中小农村电商企业迅速成长。

不同地区要结合自身的实际情况，广开思路，大胆闯新，勇于"第一个吃螃蟹"。

2. 执行步骤要点

（1）执行主体确立

鉴于农村电商产业园是以政府搭台、市场运作、企业自主发展为原则，因此运营主体是企业，招商方案的具体执行主体也是产业园的运营企业。

根据企业自主发展的原则，运营主体应是一家具有独立法人资格且能够自主经营的公司。公司为做好招商工作，需要建立招商部门，组建强有力的招商团队，负责招商方案的具体执行工作。

招商部门的首要任务是与政府对接，由政府牵头开展招商工作。主要工作是向招商对象解读政府出台的有关补贴、扶持和奖励等政策，配合政府把这些政策用好、用足。另一项工作是具体执行招商方案，如对招商方案的宣传、与招商对象洽谈和签约等。

（2）政府牵头

为了做好农村电商产业园招商方案的执行工作，各地政府应成立由主要领导担任负责人的"农村电商产业园招商工作领导小组",牵头"农村电商产业园招商方案"的执行工作。通过相关补贴、扶持和奖励政策,鼓励相关机构、企业、团队和个人积极参与建设及入驻产业园。在政府支持方面,贵州省安顺市真抓实干,取得了显著成果,具有一定的代表性。

2016年以来,贵州省安顺市加快推进农村电商发展,积极与各大电商企业开展合作,积极引入知名电商平台发展农村电商产业。目前,农村淘宝、京东、苏宁易购等均已入驻安顺。同时,安顺市进一步完善农村电商支撑体系,实施人才战略。目前,安顺市已举办45次电商培训,人数达7600余人,并面向全社会招募大量专业人才加入农村电商行列,为农村电商产业注入了强大的有生力量。

安顺市的实践证明,政府牵头招商工作,效率高,效果好。

（3）社会参与

在执行招商方案时必然涉及社会的各个方面,所以要对招商方案广为宣传。要利用相关媒体进行宣传,吸引社会各方面的广泛关注和参与。

对招商方案的宣传可以采用效果图、沙盘、大屏幕等载体,也可以结合新闻发布会和项目说明会等会议形式。总之,只有引起相关领域的关注,才能使招商对象参与产业园建设和入驻产业园。

总而言之,农村电商产业园招商方案与执行步骤的制定是一项综合性工作,涉及层面和相关因素很多,要整合相关信息,利用各方面资源,抓住要点,注重可行性,切不可纸上谈兵,要做到招商方案严谨、执行步骤明确。

9.3 农村电商产业园运营策略

农村电商产业园的兴起恰逢其时，正可借移动互联网之势而起——以打造农村电商整条产业链模式为目标，利用电商集群化优势，以完善的配套设施和一站式服务，依靠专业人才培训，孵化农村电商产业链生态。因此，农村电商产业园的运营策略要紧紧围绕农村电商整条产业链模式展开（见图9-4）。

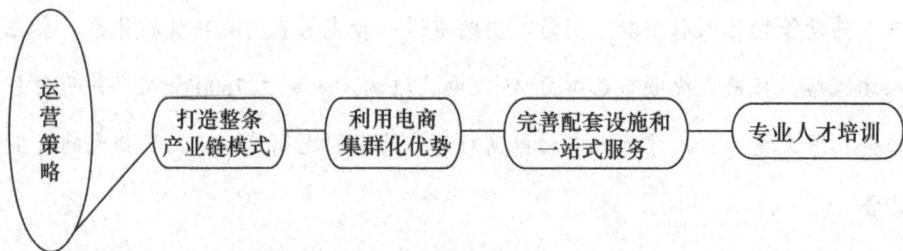

图 9-4　运营策略需围绕整条产业链模式展开

1. 打造整条产业链模式

产业园一般是以优惠的房租来留住电商，但这种方式无法长久。所以，农村电商产业园要配备至少 30% 以上的服务企业，为电商企业提供摄影、美工等一系列外包服务，即以打造整条产业链模式作为农村电商产业园布局的核心，在此基础上实现产业链之间有机结合、统一管理的运营策略。如此才能长久留住电商企业，并使其在产业园中得到长足发展。

2. 利用电商集群化优势

对于处在成长阶段的农村电商群体而言，相互之间的合作至关重要。农村电商产业园的电商集群恰好便于电商企业相互交流，园区可组织相关电商企业进行研讨。例如，在"双11""6·18"等电商大促销活动前夕召开电商研讨会，讨论应对策略，提升电商运营能力。这正是电商集群化所产生的隐形资源，也被电商群体高度重视。因此，农村电商产业园要将这种隐形资源作为园区的基本配置，充分利用电商集群化优势。

3. 完善配套设施和一站式服务

当下做网店生意早已不同于以往——一间屋子配几台电脑就可以创业。如今的电商正向规模化发展，配套设施的完善度是衡量一个电商产业园是否可以入驻的重要条件。所以，农村电商产业园的配套设施一定要齐全，如食堂、篮球场、放映厅、大型会议室等要一应俱全。而且，附近要有住宅小区，以便为员工提供住宿，还要具备便利的交通。这些配套设施都必不可少。

农村电商产业园要从一站式服务的产业布局出发，孵化绿色、生态、智能的全产业链生态。在科技创新不断发展、电子商务与实体经济相互融合、产业不断升级的背景下，创建以一条龙服务为特色的农村电商产业园已经迫在眉睫。

4. 专业人才培训

专业人才培训是农村电商产业园的重要运营策略之一。要以产业园为农村电商人才基地，同时面向社会提供人才培训服务，发挥产业园在县域电商产业中的龙头作用，为产业园的长足发展打下坚实的人才基础。

人是生产力的第一要素。农村电商产业园为满足农村电商的实际需求（迫切需要大批技术精湛、素质过硬、兢兢业业的综合性电商人才）和未来经济发展大趋势，需要创建一个能推动良性发展的、具有完成岗位工作所需的知识与能力体系，构建人才梯队成长的模型，推动电商人才的快速成长，满足企业高速发展的需要。目前最紧要的工作是人才及团队的建设，而系统、专业的电商人才培训是发展农村电商的重要措施之一。

在专业人才培训方面，仙游县的3000名电商人才培训计划可资借鉴（见图9-5）。

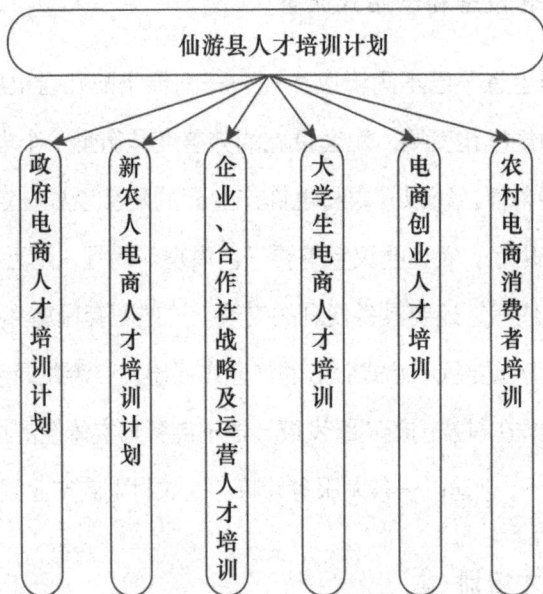

图9-5　仙游县人才培训计划

仙游县的3000名电商人才培训计划涵盖以下几个方面。

（1）政府电商人才培训计划

① 培训对象：从事电商相关的政府人员。

② 培训导师：有政府合作经验的战略导师。

③ 培训内容：通过典型案例学习（理论课）、实地考察（实地考察课），结合其他地方的特色、特长，转化成针对仙游县特色的电商发展模式（理论和实践相结合并应用）。

（2）新农人电商人才培训计划

① 培训对象：已经从事农业并具备一定的规模，但是思维和营销方式传统的人员。

② 培训导师：全国范围内在"互联网＋农业"领域比较成功的案例导师。

③ 培训内容："互联网＋农业"该如何进行，在互联网环境下产品品质、包装、物流、运输以及品牌如何打造。

（3）企业、合作社战略及运营人才培训

① 培训对象：仙游县范围内已经在从事电商相关工作的企业及团体。

② 培训导师：资本公司或者上市公司、战略公司的导师。

③ 培训内容：企业应该如何建设才能做大做强，应该如何一步步布局，把企业做成有竞争力的企业。

（4）大学生电商人才培训

① 培训对象：湄洲湾职业技术学院在校生。

② 培训导师：电商企业实战导师。

③ 培训内容：让学生在校期间就接触电商，企业实战内容提前进入学校，让学生在毕业时就有实战经验，并且在毕业时就有含金量，能够自主创业或者增加就业率。

（5）电商创业人才培训

① 培训对象：对电商创业感兴趣或者已经在电商领域创业，但是模式和盈利点单一的人员。

② 培训导师：营业规模较大的电商企业导师。

③ 培训内容：诊断电商企业的现状，对症下药，一对一辅导，从组织架构、盈利模式等方面提高初创电商企业的生存概率。

（6）农村电商消费者培训

① 培训对象：农村农民。

② 培训导师：会用农民能听懂的语言讲课的电商从业者。

③ 培训内容：教农民如何识别购物中的陷阱，辨别真假，如何与其他商家对比，以及如何支付才不会被盗被骗。

综上所述，农村电商产业园运营策略的核心是打造农村电商产业链。换言之，就是要使产业园发挥孵化器效应，通过上述措施孵化农村电商生态，形成全产业链式生态圈。

9.4 延伸阅读：如何理解中央一号文件讲的规范发展电商产业园

魏延安

2017 年的中央一号文件首次关注电商产业园问题，提出了"鼓励地方规范发展电商产业园"。由于这个提法是在"农村电商"这一条目中，所以很快引起了大家的关注和讨论。

为什么要发展农村电商产业园？

一言以蔽之，这是农村电商发展的阶段性要求。

2015 年春，我在研究淘宝村现象的时候就发现，随着农村电商的发展，乡村的区位缺陷就逐渐显现出来，那就是由于物理空间上的限制，电商要素已经展不开了。物流快递越来越多，车辆越来越大，在村里确实转不开。还有，农户把家里当成仓库，商品都放在房子里或院子里，也很容易形成安全隐患，特别是火灾。在这种情况下，电商要素客观上要求进行一个更大区域的聚集。这方面比较典型的案例就是江苏睢宁东风村，原来各家各户，现在开始形成产业园了，而且产业园也细分专业化了。

所以，如果用经济学语言来说，那就是：农村电商产业园是农村电商蓬勃发展之后生产力的客观要求，因为资金流、信息流、物流、人才流客观上需要一个公共的物理空间来承载和交汇。有了产业园，电商及其供应链、源头、配套产业链才能够充分布局。

如何发展农村电商产业园？

中央一号文件的提法是"鼓励"和"规范"。一方面确实需要，而且事实上已经在快速增长了。有数据表明，2016 年我国已有各类农产品电商产业园 200 家，占各类电商产业园的 12%。另一方面，在发展的过程中也确实出现了一些问题，就是华而不实、徒有虚名的情况，好多由其他园区转变过来的，甚至只是换了牌子而已。所以，发展农村电商产业园应坚持从实际出发，不能盲目跟风。

第一，电商产业园的建设要与当地电商发展阶段相适应。

如果是在启动期，多为电商初创者，则电商产业园主要是孵化功能，不需要动不动就搞几平方公里，一时半会儿都没用。这个阶段的电商产业园，其核心是基础的公共服务要到位。例如，有一些公共的办公空间，有小型的仓储，能培训，还有配套的电商服务，而且尽量要靠近城区，以方便创业者出入。电商发展到中后期，随着要素聚集规模越来越大，可以考虑扩大建设，功能分区，配套关联产业。

第二，电商产业园必须有电商的特点。

一些地方简单地把其他工业园区换个牌子变成电商产业园，不符合电商发展的基本逻辑，没有电商愿意入驻，十分尴尬。有的电商产业园很夸张，连基本的仓储物流都不配套，只有一点办公的物理空间，门可罗雀也就非常正常了。中央一号文件要求，电商产业园要"聚集品牌推广、物流集散、人才培养、技术支持、质量安全等功能服务"，现有的许多园区还不完全具备这些功能，可谓建设任务繁重。当然，更重要的还是聚人气，如果电商不愿意入驻，那问题就麻烦了。

第三，电商产业园还是要落脚在产业上。

现在讲电商生态，这个生态不仅仅是前端的电商及其运营体系，如平台、网商、服务商等，还有庞大的中端体系，如金融支付、物流仓储等，更有复杂的后端体系，如产业链上的加工企业，配套产业链的彩印包装、实体展示等，以及必要的生活服务。一个电商产业园吸纳电商入驻是必须的，但配套产业的落户也是必须的，否则就像墙头草，根基不稳。

第四，应考虑电商产业园的良性发展。

电商产业园虽然很时髦，但要实现盈利并不容易。从全国范围看，电商产业园盈利的不多。总体观察，最早的园区多靠政府补贴，第二阶段开始靠物业服务收费，第三阶段提供配套服务，现在又开始着眼风投与项目孵化了。政府的补贴是需要的，但园区运营的自我造血功能却是必备的，否则难以长久，这是当前需要共同探讨的问题。

第 10 章

农村电商资源配置

资源配置是农村电商运营实战的关键所在。一般来说，如果资源配置得当，农村电商经济效益就会显著提高，经济发展自然也会充满活力；反之，经济效益则明显低靡，经济发展也会受到阻碍。接下来，我们就对农村电商的资源匹配进行具体分析。

10.1　学会分析县域优势资源分布

"一方水土养一方人"，每一个地方都有其独特的发展农村电商的优势资源。目前，很多地方对资源优势有着较大的误区，狭隘的区域观和传统的封闭式思维导致他们对当地资源的认识不足，从而致使其发展农村电商的新模式操作失败。打开发展农村电商的新思路，首要任务就是学会分析本地优势资源的分布（见图 10-1）。

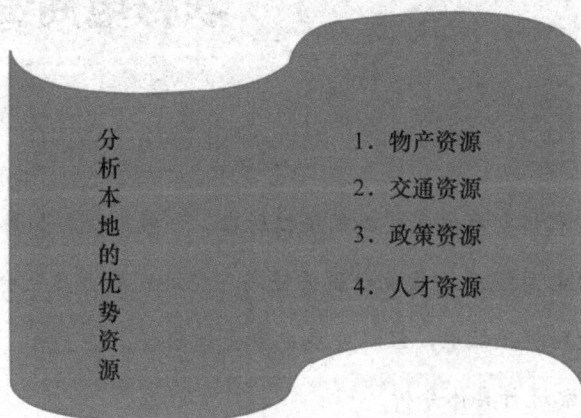

分析本地的优势资源

1. 物产资源

2. 交通资源

3. 政策资源

4. 人才资源

图 10-1　县域优势资源分析的四大要素

1. 物产资源

物产资源是发展农村电商的第一大要素，是否能够找到合适的物产资源决定了农村电商的成败。想要发展农村电商的地方一般都具有较为丰富的物产资源，这些物产资源可能在当地人看来不足为奇，但是一旦进入市场就可能会引起意想不到的反响。当地人应该具有一双"发现美"的眼睛，发现本地区具有而其他地区不具有的物产资源，选出一个具有代表性的产品进行包装打造，作为本地发展农村电商的"敲门砖"。

很多农村地区一般物产较为混杂，而且以农产品为主。这些农产品具有明显的季节性和地方特色，形成了各自的天然优势。那么，如何在混杂的物产资源中挑选出具有代表性的农产品呢？这就要保证农产品独特的竞争力，努力做到"三原"。

"三原"是指原产地、原采集、原生态。很多地方发展农村电商的原因在于本地大多数农户大量种植了某种作物，或者大量手工工艺者从事某种工艺生产，导致产品供大于求，从而不得不在互联网上谋求出路。原产地代表着产品具有土生土长的身份，具有浓厚的地方特色；原生态是指产品天然无污染，能够彰显出产品的品质；原采集则是指产品的生产工艺，是产品的附加值。大多数地方的产品基本能够做到以上"三原"。

此外，选择产品时还要考虑运输问题，要想低成本物流，就必须遵循"四避四就"原则。

（1）避小就大

体积是决定网购体验的重要因素，能选择体积较大的产品就不要选择体积小的。

（2）避重就轻

尽量避开沉重的产品，选择较轻的，不仅能够合理地控制物流运输费用，也能够方便消费者提拿。

（3）避柔就硬

从运输角度来说，太过柔软的产品不便于运输。要想保障产品的安全和完整，就需要增加相应的防护措施，而这必然会导致运输成本的增加。那么，硬度较高的特产是农村电商的更佳选择。例如橙子和橘子，明显是橙子更适合作为农村电商产品销售。

（4）避鲜就干

对于刚开始发展的农村电商企业来说，选择干货是最有利的，不仅容易运输，还容易包装，而且成本低。

福建省仙游县物产资源丰富，其中度尾文旦柚是仙游县度尾镇特有的名贵佳果。2016 年，仙游县度尾镇政府与电商平台拼多多合作，让度尾文旦柚搭上农村电商快车，走向了亿万消费者（见图 10-2）。

图 10-2 度尾文旦柚

各个地区均具有适合农村电商销售的地域特产，只要耐心、细心寻找，一定能找出具有独特竞争力且能够满足低成本物流的产品。

2. 交通资源

交通资源是发展农村电商的第二大要素。不达标的物流运输严重阻碍了农村电商的发展，尤其是对于交通特别落后的地区，该问题就会更突出。

很多地区交通不方便，物流通达率比较低，无法被第三方物流覆盖。有些地方即使物流公司能够配送，成本也居高不下。此外，由于生鲜农产品的特殊性，如果不能快速运输，很容易烂在运输途中，造成不必要的经济损失。

任何一个想要发展农村电商的地区，都必须考察本地的交通资源是否能够支撑得起庞大的物流系统。

（1）考察公路现状以及客运业的情况。

① 全县是否具有较为完善的公路运输网络，是否已经实现了"乡乡通"。

② 客运业是否存在运力结构不合理的问题。如果存在，当供大于求时，运力资源过剩，恰好可以操作农村电商，改善这种现象；如果供不应求，则要谨慎考虑是否发展农村电商。

（2）考察运输业的情况。

① 全县有多少家客运公司，共拥有客运汽车多少辆、客运线路多少条。

② 交通是否拥堵。

③ 如果该县临近水域，还要考察清楚全县的注册船舶有多少只，载货量多少吨位，平均吨位为多少，这些船舶平时的运输业务为多少；如果操作农

村电商，是否能够适应增加的运输量。

交通运输关系到农村电商利润的高低，冗长且繁复的运输流程必然会导致利润的下降。因此，操作农村电商之前需要对交通资源进行仔细考察。

3. 政策资源

政策资源是县域农村电商运营的坚实壁垒。有了国家政策的推动，农村电商工作才能大胆地开展。对政策资源的考察主要从以下两方面进行。

（1）国家层面

自 2015 年起，我国政府大量出台了涉及农村电商的政策，大力支持农村电商的发展。

国发【2015】24 号文件中提到：我国将大力支持农村电子商务的发展，加强"互联网＋农业""互联网＋农村"的融合发展，引进价值链、供应链等一系列现代管理理念和方式。商务部与农业部结合实际，共同制定出能够促进农村电子商务发展的意见书。

同时，质检总局、商务部、农业部、食品药品监管总局以及发改委共同合作，加强安全追溯体系、鲜活农产品标准体系、动植物检疫体系、安全监管体系与质量保障体系的建设，大力推进农产品冷链基础设施建设。

此外，商务部与农业部共同开展电子商务进农村的综合示范，推动相关信息进入农村，同时利用"万村千乡"市场网络改善农村电商的服务环境；建立与农产品相关的地理标志产品技术标准体系和农产品质量保证体系，支持新农人使用电子商务平台对地理标志产品进行宣传和销售，鼓励电子商务平台提供"一村一品"的服务，推动品牌农产品上行。

（2）本地政府层面

不同地域响应国家政策的程度不同。要想操作农村电商，除了要考察本地政府落实国家政策的程度，还应考察本地政府是否出台了针对本地实际情况的农村电商操作政策。有了本地政府的支持，农村电商才能够更加顺利地发展。

温州市平阳县中镇村位居阿里巴巴2016财年村淘电商排行榜亚军，能够取得这一佳绩，离不开平阳县政府的支持。平阳县政府出台了一系列支持农村电商发展的政策。

① 每年拨款60万元用于农村淘宝的宣传推广。

② 每新开一家村级服务站点，给予3000元奖励，开满一年后再给予3000元奖励。

③ 每年拨款60万元用于村级服务站点运营。

④ 每年拨款30万元用于农村淘宝合伙人的拓展培训和起航培训。

⑤ 每年拨款50万元用于农产品上行购买。

⑥ 每年拨款25万元用于农淘中心的水电费、场地租金支出，同时拨款40万元购买村淘运营服务。

⑦ 每年给予本地村级服务站点宽带费用608元。

国家和地方政府对农村电商的大力支持，还能解决农村电商发展过程中遇到的物流、产业链信息不对称等诸多问题。

4. 人才资源

就目前情况来看，在农村电商快速布局与增长的同时，电商人才的缺口也在不断加大，而且已经出现限制农村电商发展的情况。很多地区的农村电商正面临着由于人才缺失导致无法开展的尴尬局面。因此，各地区在操作农村电商之前，必须对本地电商人才情况进行精准的分析与考察。

当前的农村电商市场是一个对操作性和实践性要求非常高的领域，对于刚开始发展的农村电商团队而言，实践型人才是最稀缺的资源。这种人才是指能够从事最基本的网购操作、能够使用支付工具、懂得退换货等基本程序以及了解一定电商知识的人员。

各县发展农村电商时可以对本地大学生进行普查，了解具体的拥有农村电商运营技能的人才情况。如果本地人才资源非常丰富，就可以大刀阔斧地发展农村电商；如果没有，则可以采取一定的策略吸引专业人才加入本地农村电商行列。

因此，发展县域农村电商时要对本地资源进行仔细考察，各地方既不能被传统思维限制住思路，也不能盲目乐观。

10.2 没有资源时创造资源

如果一些地区无法找到具备农村电商发展潜质的资源，那么唯一的办法就是主动创造资源。关于如何创造资源，我们可从四个方面进行分析（见图10-3）。

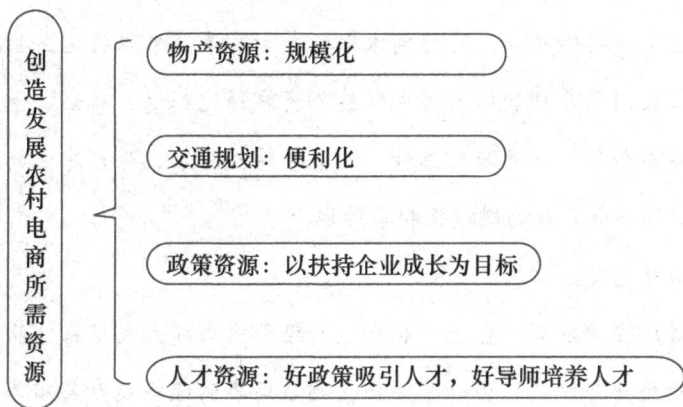

图 10-3　创造发展农村电商所需资源

1. 物产资源：规模化

农村市场经营较为分散，不仅是传统实体店无法有效渗透的弊病，也是发展农村电商较为头痛的问题。要想顺利地发展农村电商，第一步就是将物产资源规模化。

目前，很多地方的农村电商都是分散独立的，其中一部分分散的农村电商商户因不知如何操作而面临失败的局面。解决这个问题的最好办法就是将这些分散的商户集中起来，规模生产。例如，以政府为主导，将全部商户迁入一个园区，使卖家和服务商聚集在一起，方便进行线上线下的互动和协作，并且可以快速传播相关的经验知识，以及降低相应的成本。

仙游县以生产各种特产而闻名。自 2016 年 2 月与阿里巴巴签订"千县万村农村淘宝计划"以来，仙游县政府采取了一系列措施引导农村电商进行规模化发展。

（1）发展标准基地

为了进一步明晰产权，进行集体林权支付改革，采取将文旦柚、油茶林和荒地荒山使用权合理流转的方式，鼓励商户通过租赁、转让、承包、股份合作经营等多种形式，参与文旦柚、油茶等特产标准化生产基地的建设，推进文旦柚、油茶等产业的规模化和集约化。

（2）培育龙头企业

鼓励商户按"企业＋基地＋农户"的经营模式建立文旦柚、油茶的生产基地，构建企业与农户成为分享共担、利益同享的经济利益共同体。在此基础上，支持企业科技的创新，支持企业延伸产业链，开拓农村电商的经营销售渠道，积极培育自主知名品牌，提高市场竞争力。

（3）开展专业合作

建立多种形式的专业合作社和专业协会（见图10-4），推动连户种植，进行技术推广，提供生产资料，加深生产组织化和规模化，并增强商户规避风险的能力，达到互利共赢的目的。

图 10-4　仙游县游洋镇农村电商创业中心

（4）发动贫困群众

广泛宣传文旦柚、油茶的发展，引导当地群众尤其是贫困户参与到文旦柚、油茶的产业发展中来，增加群众收入，带动贫困户致富。

将本地各个物产聚合到一起并规模化，对发展农村电商具有极大的益处。

2. 交通规划：便利化

即使物产资源再丰富，但是交通不便利，也无法进行农村电商操作。改善交通、完善物流体系是发展农村电商的第二步。

改善交通也需要当地政府的协助。乡镇部门可以根据《农村物流服务体系发展专项资金》建立物流服务站，并匹配专业的管理人员。除此之外，各县还可以根据实地考察的结果组织修路，购买足够的交通工具以备物流之需。

"山穷水缺泥巴路，肚皮饿的叽咕咕"曾是重庆市秀山县中平乡地岑村村民对生活的无奈打趣。但自2013年以来，"交通＋特色产业""交通＋电商"让这个曾经破落的小山村旧貌换新颜。

2013年10月，政府为了改善当地交通问题，实施贫困村农村公路畅通工程，水泥路一直修到了村口。交通的改善吸引了大量的城市人来此观光旅游。同时，农村电商的大力发展也为当地人带来了可观的经济效益。

2015年，重庆市根据当地实际情况制定了《交通脱贫攻坚实施方案》，加大市级财政的投入力度。为了推进特困地区农村的公路建设，重庆市以市级财政增量的20%作为担保，向银行贷款50亿元，先后解决了贫困村的公路问题，并推动"交通＋电商快递扶贫"的发展。

道路交通的改善能够大大提高物流配送速度，节约配送成本，为发展农村电商打下坚实的基础。

3. 政策资源：以扶持企业成长为目标

政策资源能够推动农村电商的快速发展。对于任何一个想要发展农村电商的地区来说，如果没有得天独厚的优势，那么政府应出台相关的政策扶持农村电商企业的发展。

在国家政策方面，根据国办发【2015】72 号文件，鼓励大型实体店不断丰富完善顾客的消费体验，并鼓励其向多样化、智能化商业服务综合体转型，增加休闲、娱乐、餐饮等设施建设，由原来的以商品销售为主向"商品＋服务"并重转变；完善中小实体店的便利服务体系，增加缴费、社区配送、快餐、网店订取等便民服务功能，使其靠近消费者的优势充分发挥出来；鼓励互联网企业与实体店加强合作，促进线上交流互动、精准营销等优势与线下品牌信誉、真实体验等优势相融合，推动设施设备智能化、商业客体数据化、组织管理扁平化和服务作业标准化。

具体到各地区，不同地区可针对当地的情况采取不同的措施。

吉林省通榆县政府为了更好地推进本地区农村电商的发展，出台了有关政策以扶持相关企业的成长。

（1）推动通榆县电子商务产业园建设，并为电商创业者提供必要的资金、技术、办公等方面的支持，吸引创业者入驻产业园区。

（2）引导并支持 1～2 家龙头企业建设能够覆盖全县电商产品的物流仓储中心，为本县贫困户电商提供集产品仓储、分拣、包装、配送于一体的外包服务。政府带头与百世汇通、中通等大型快递企业进行合作，建立本县的云仓库，推动通榆农村淘宝物流中心的建设，鼓励本地电商龙头企业、电商服务企业的发展。

（3）支持企业购买网络传输、溯源等相关设备设施，开展资质认证行动，拨款 160 万元作为品牌培育和质量保障系统认证的补贴资金，完善本地农产品和农村特色产品的质量保障和品牌培育，支持企业创建自主品牌。

扶持企业成长，能够帮助本地农村电商快速发展。扶持规模较大的企业，还能够起到带头作用，引导小企业更加健康地发展。

4. 人才资源：好政策吸引人才，好的导师培养人才

政府除了要出台相关政策扶持农村电商企业之外，还要出台相关的政策吸引人才。没有人才，农村电商是无法发展起来的。

（1）选出培训对象

电子商务具有较强的综合性和学术性，对受教育程度有较高的要求。为了保证培训人才的高质量，需以年龄、工作领域和学习为标准，从农民群体中筛选出符合要求的人员。

（2）明确培训目标

农村电商要想顺利发展，除了电子商务专业人员的推动之外，还需要营销人员、物流人员以及产品生产人员的协助。所以，农村电商人才培训应以培训

四类人才为目标：一是熟悉农村乡土特色的电商人才；二是能够根据农产品特性进行推广的营销人才；三是熟知农村交通状况的物流人才；四是掌握农业生产技术的人才。

（3）确定培训内容

农村电商从业人员需要具备三大核心能力：电商运营能力、物流配送能力和农业生产能力，培训的内容也应根据这三大核心能力展开。在此基础上，各个地区根据当地农村电商发展的实际情况，对培训内容进行适当的调整，以确保培训内容与当地农村电商能有较高的契合度。

为了更好地发展农村电商，仙游县一直致力于对电子商务人才和创业人员的培训。其具体方法如下：

① 在本县青年电商协会的基础上建立电子商务培训中心，引进大量的专业人才，并面向政府、农商合作社、电商企业等组织机构进行电子商务基础知识、网络购物操作、网上开店及技巧等专业技能的培训，提高商户运用电子商务的能力；

② 在本县的职业技术学校增加与电子商务有关的课程，与本地电子商务企业、电子商务基地对接，建立实践基地以培训电子商务操作人才；

③ 政府出台一系列鼓励电子商务创业的相关政策，提供技能培训、办公场地等支持，吸引大量的大学毕业生、创业青年返乡创业，培育一批电子商务创业带头人；

④ 大力引进电子商务领域的优秀管理人才和技术人才，并把农村电商创业者纳入本地农村实用人才培训计划中，进行鼓励和扶持。

人才在任何时候、任何地方都非常重要，农村电商也不例外。为了能够让农村电商更加健康地发展，当地政府要注意人才的引进和培训。

物产、交通、政策、人才是发展农村电商必不可少的四大要素。在没有资源的情况下，主管部门应创造资源以支持农村电商的持续发展。

10.3 各大电商平台的农村电商资源分布图

农村电商这块"香饽饽"已成为各大电商平台互相争抢的对象，各大电商各显其能并投入大量资源。早在2014年，从毫无技术含量的刷墙行动开始，阿里巴巴、京东、苏宁等几大电商巨头纷纷加快了进军农村电商的步伐，他们在农村市场上大展拳脚，毫不示弱。到了2015年，也就是农村电商发展元年，电商巨头们更是重拳出击，将农村电商作为自己的战略发展方向。时至今日，他们已经在农村电商市场上站稳了脚跟。那么，这些电商巨头是如何布局自家资源的呢？下面主要以京东、阿里巴巴为例进行具体分析。

1. 商业模式

（1）平台模式

京东、阿里巴巴两大电商巨头都是通过电商平台落实农村电商的，他们将农产品、工业品和金融产品等放到网络平台上进行出售。

（2）网上模式

京东开展"造节运动"，阿里巴巴开设"中国馆"，二者都是利用互联网思维打破传统的农产品营销模式，结合线上线下，让优质的农产品走出去。

（3）生态链搭建

在农村战略上，京东、阿里巴巴都是采取"农业－农村－农民"三农生态链裂变的方式。实行工业品下乡，满足农村的消费需求，提升农民生活质量；农产品进城增加了农民收入，农民收入增加自然会刺激消费，实现消费循环；农村金融实现了"三农"生态链的完美衔接，为"三农"的持续发展提供了有力的帮助。农村战略其实就是"三农"战略或农村生态链战略，目的是从消费、服务、收入等各个方面改变农村面貌。

2. 服务模式

（1）工业品下乡

除了2014年的刷墙行动，两大电商现在在全国筹建县域服务站，重点在于工业品下乡。中国人口有13亿，其中9亿在农村。农村消费市场庞大，京东、阿里巴巴自然不会错过这个机遇。

工业品下乡也为农村带来了很大的益处：通过各大电商平台，农民花同样的钱可以买到更好的工业品，主要是可以买到当地线下没有的工业品。

（2）农产品进城

京东、阿里巴巴等电商巨头布局农村电商，解决了农产品滞销等问题。其中，阿里巴巴打造出一系列具有参考价值的模式，例如"遂昌模式"；京东则是通过"造节运动"拉开了农产品进城的序幕，例如"仁寿枇杷节"。

（3）农村金融

2015年末，京东集团推出"京东贷"服务（见图10-5），主要针对农产品信贷和农资信贷两大产品主线，围绕农产品细分产品链做全产业链农村金融。"京东贷"主要服务 B 端，服务的是企业。

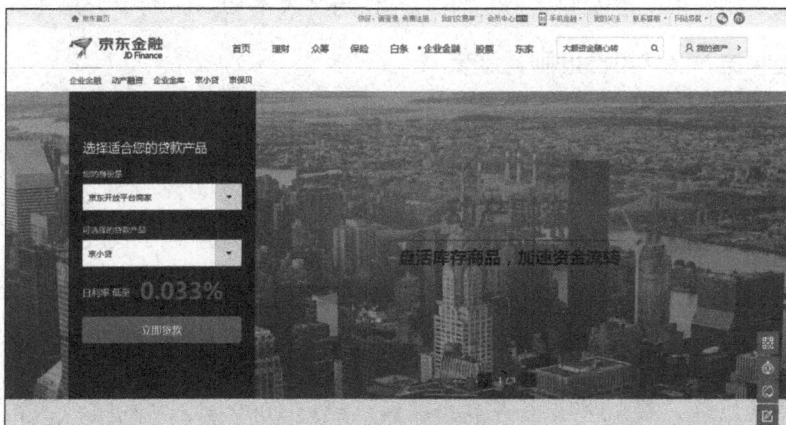

图 10-5 京东贷首页截图

阿里巴巴推出"蚂蚁金服"（见图 10-6）的目的是打造 300 个"支付宝县"，切入农村普惠金融，服务农民个人。

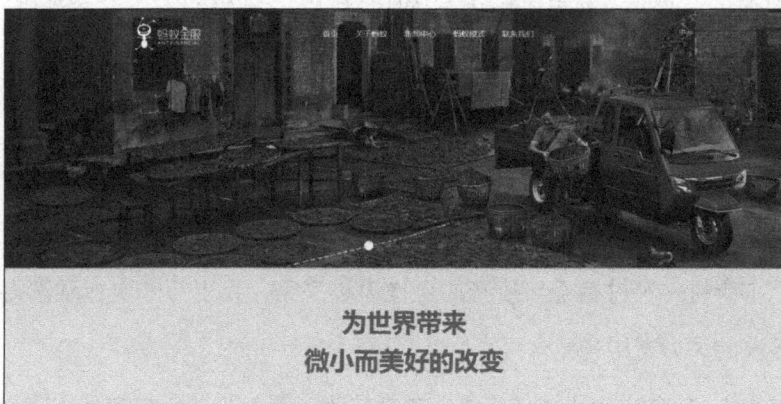

图 10-6 蚂蚁金服首页截图

3. 资源分布

京东和阿里巴巴农村电商运作思维和角度大不相同。其中，京东的运作核心是物流，而阿里巴巴则是流量。

对于布局农村电商，京东和阿里巴巴资源分布相同的地方共有以下几点。

（1）建立县级服务中心

京东农村、农村淘宝都采用建立县级农村电商服务中心的模式，以实现农村战略和服务落地。这些县级服务中心主要提供在网络上下单、电商培训、政府关系等服务。

截至目前，京东县级服务中心数量已超过1000家，乡村推广人员已达15万人，京东帮服务店1300多家，此外还有600多家线上地方特色馆。这些服务中心主要提供代客下单、营销推广等服务。

到目前为止，农村淘宝已覆盖全国20多个省市，将近6000个村设立了农村淘宝点。而且，阿里巴巴早在2014年10月就启动了"千县万村计划"战略。

（2）政府 +

不论从国家层面，还是当地政府层面，农村电商都得到了大力支持。很多县市更是将农村电商当作政绩，当作拉动本地经济的拉动器。

京东农村、农村淘宝与政府的合作堪称完美，几乎每一次行动都得到了当地政府的大力支持与配合。

京东的"京东仁寿枇杷节""广东荔枝节"等各式特色农产品节庆与"贵州省政府与京东集团在京签署战略合作框架协议"中，都有当地政府的身影。

农村淘宝的"中国馆""地方馆"都得到了地方政府的大力支持，甚至当地政府主动联系农村淘宝，设立具有地方特色的"地方馆"。

（3）搭建地推团队

京东与阿里巴巴为了服务农民、服务平台、服务政府，都在当地搭建了地推团队，分别叫作"推广员""合伙人"。阿里巴巴比较青睐由村官、回乡大学生等当地人作为"合伙人"。

到目前为止，京东乡村推广人数已达 15 万，覆盖全国 15 万个行政村；阿里巴巴的淘宝合伙人也已接近 20 万。

（4）人才储备

阿里巴巴启动"淘宝大学"，为电商培养专业人才；京东推出"365 大学生合伙人创业计划"，通过补贴等形式鼓励大学生回乡创业。

除了京东、阿里巴巴之外，乐村淘、淘实惠都开展了一系列行动加入到农村电商中。要想在农村市场中站稳脚跟，各大电商需将资源匹配到位，以便顺利展开行动。

总之，从当前形势来看，未来的农村市场十分广阔，不可估量。农村电商的发展使各大商家有机会进入这个市场大展拳脚，获得收益。但需要注意的是，只有善于创造资源并合理匹配资源的电商企业，才会在这场激烈的战争中获得最终的胜利。